Fischer, Der Heidengraben bei Grabenstetten

Führer zu archäologischen Denkmälern in Baden-Württemberg

Herausgegeben von
dem Förderkreis für die ur- und frühgeschichtliche Forschung
in Baden
und
der Gesellschaft für Vor- und Frühgeschichte
in Württemberg und Hohenzollern

Redaktion:
Wolfgang Kimmig
Edward Sangmeister

Band 2

Konrad Theiss Verlag Stuttgart

Der Heidengraben bei Grabenstetten

Ein keltisches Oppidum auf der Schwäbischen Alb bei Urach

von Franz Fischer

3., verbesserte und ergänzte Auflage

Konrad Theiss Verlag Stuttgart

Umschlagbild:

Radnabenstift aus Bronze und Eisen. In der Gegend von Urach, vielleicht bei Grabenstetten in oder bei dem keltischen Oppidum gefunden. 2. Jahrhundert v. Chr.
(Siehe S. 112 ff. mit Abb. 52, 1).

Hinterer Innendeckel:

Übersichtskarten zum Heidengraben. Die gebogene Befestigung (mit den Toren A, B und C) und weiter im Süden der Heidengraben im »Lauereck« (mit Tor D) schützten die sogenannte Elsachstadt, in der die Siedlung zu suchen ist. Die Wehranlagen südlich von Grabenstetten (mit Tor E), die neue Linie mitten durch Grabenstetten (mit Tor H), beim Burrenhof (mit Tor F) und nördlich von Erkenbrechtsweiler (die schwarze Linie mit Tor G) riegelten die Zugänge zu der halbinselartigen Hochfläche ab.

Hintere Deckeleinlage:

Plan der Elsachstadt

CIP-Kurztitelaufnahme der Deutschen Bibliothek

Fischer, Franz:
Der Heidengraben bei Grabenstetten: e. kelt. Oppidum auf d. Schwäb. Alb bei Urach / von Franz Fischer. – 3., verb. u. erg. Aufl. – Stuttgart: Theiss, 1982.
(Führer zu archäologischen Denkmälern in Baden-Württemberg; Bd. 2)
ISBN 3-8062-0317-2

NE: GT

Redaktion: Wolfgang Kimmig

Druck: Druckerei Tübinger Chronik, Tübingen
ISBN 3 8062 0317 2

Dem Andenken an

FRIEDRICH HERTLEIN

gewidmet

INHALTSVERZEICHNIS

VORWORT DES HERAUSGEBERS

Die Gesellschaft für Vor- und Frühgeschichte in Württemberg und Hohenzollern und der Herausgeber freuen sich, der interessierten Öffentlichkeit das zweite Führungsheft zu vor- und frühgeschichtlichen Denkmälern des schwäbischen Raumes vorlegen zu können. In einer Zeit, in der die geschichtliche Vergangenheit unseres Volkes in steigendem Maße als nicht mehr wissenswert, ja sogar als lernunwürdig angesehen wird, scheint es uns eine echte Aufgabe zu sein, Bildungsgüter zu vermitteln, die nicht ohne weiteres zugänglich und üblicherweise in keinem Lehr- oder Sachbuch zu finden sind.

Das neue Führungsheft behandelt den »Heidengraben« bei Grabenstetten auf der Uracher Alb, der zu den eindrucksvollsten spätkeltischen »Stadt«-Anlagen im deutschen Südwesten gehört. Es lag nahe, nach dem frühkeltischen Dynastensitz der Heuneburg diesmal eine soziologisch so gegensätzlich strukturierte spätkeltische Anlage wie den Heidengraben bei Grabenstetten der Öffentlichkeit vorzustellen.

Der Herausgeber war in der glücklichen Lage, in Professor Dr. Franz Fischer vom Institut für Vor- und Frühgeschichte der Universität Tübingen einen Bearbeiter zu gewinnen, wie er sachkundiger gerade für dieses Objekt kaum hätte gefunden werden können. Herr Fischer hat in zahlreichen Begehungen die beim Staatlichen Amt für Denkmalpflege Tübingen lange vorhandenen und dankenswerter Weise zur Verfügung gestellten Pläne im Gelände überprüft und, wo nötig, korrigiert, so daß die jetzt zum ersten Mal vorgelegten Planunterlagen das derzeit erreichbare Maximum an Genauigkeit und wissenschaftlicher Verwertbarkeit darstellen. Herr Fischer hat darüber hinaus in mühevoller Sammelarbeit all diejenigen Funde aus dem »Heidengraben« selbst wie aus seinem unmittelbaren Einzugsbereich zusammengestellt und vorgelegt, so daß ein repräsentativer Querschnitt und damit eine aussagekräftige Arbeitsgrundlage gewährleistet ist. Die wohl vollständige Literaturliste ermöglicht sowohl dem Fachmann wie dem interessierten Laien die notwendige Vertiefung und Weiterarbeit. Ziel auch dieses »Führers« war es, nicht nur dem Spezialisten, sondern vor allem auch der breiten Öffentlichkeit vielfältig nutzbares Anschauungsmaterial zur Verfügung zu stellen.

Tübingen, im Mai 1971 Wolfgang Kimmig

VORWORT ZUR DRITTEN AUFLAGE

Das anhaltende Interesse, das der »Heidengrabenführer« in der Öffentlichkeit gefunden hat, macht inzwischen eine 3. Auflage notwendig. Die Herausgeber hatten sich dabei zu entscheiden, ob die aus dem Verkauf der Führer angesammelten Gelder für eine solche Neuauflage verwandt, oder aber ob diese nicht zweckmäßiger für ein neues Führungsheft eingesetzt werden sollten. In dieser Situation sprang dankenswerterweise der Konrad Theiss Verlag ein und bot uns die finanzielle Übernahme der 3. Auflage an. Wir haben dieses Angebot gerne angenommen und bitten unsere Bezieher deshalb, daß sie sich für den Bezug der 3. Auflage unmittelbar an den Verlag, 7000 Stuttgart 1, Villastraße 11, wenden. Diese Absprache hat zur Folge, daß wir fast gleichzeitig ein weiteres Heft der Führerreihe, Grinario – das römische Kastell und Dorf in Köngen herausbringen können.

Neben dem Konrad Theiss Verlag in Stuttgart und der Druckerei »Tübinger Chronik« in Tübingen, die auch diesmal die Herstellung des Bandes übernommen hat, haben die Herausgeber vor allem den Autoren, Professor Dr. Franz Fischer und Dr. Jörg Biel zu danken, die sich der Mühe unterzogen haben, die 3. Auflage auf den neuesten Stand zu bringen. Daß sich dieser bei einem Denkmal von der Größe und Bedeutung des Heidengrabens ständig ändert, haben nicht zuletzt die Ausgrabungen von Dr. Jörg Biel am Tor G nördlich von Erkenbrechtsweiler vor Augen geführt.

Tübingen, im Mai 1982 Wolfgang Kimmig

EINLEITUNG

Der Heidengraben bei Grabenstetten auf der Schwäbischen Alb zwischen Urach, Neuffen und dem Lenninger Tal gehört zu den bekanntesten Denkmälern Württembergs aus vor- und frühgeschichtlicher Zeit. Seit Jahrhunderten beschäftigen seine Wälle und Gräben die Phantasie des Volkes. Seit geraumer Zeit ist der Heidengraben Gegenstand der gelehrten Forschung, und ihr haben wir die Einsicht zu danken, daß die Erdwerke, die wir »Heidengraben« nennen, Ruinen einer großen, stadtartigen Siedlung – »Oppidum« – der Kelten sind, der ersten dem Namen nach bekannten Bewohner des Landes.

Einige Grundzüge dieser Einsicht haben Eingang in eine weitgestreute Literatur gefunden, die weit über das wissenschaftliche Schrifttum hinausreicht. Hier wie dort aber fehlte bisher eine umfassende, sowohl zuverlässige wie auch Einzelheiten berücksichtigende Darstellung des Heidengrabens. Ich bin deshalb der Aufforderung des Herausgebers, eine solche Darstellung zu wagen, gern gefolgt. Auch lockte die Möglichkeit, die vielfältigen Fragen, welche sich bei dieser besonderen Gruppe vorgeschichtlicher Siedlungen stellen, erneut und aufgrund eines der eindrucksvollsten Beispiele erneut durchzudenken. Freilich hat sich dabei mehr als einmal gezeigt, wie wenig wir im Grunde bisher über das Oppidum Heidengraben wissen und in wie großem Umfang wir auf Anhaltspunkte angewiesen sind, die sich bei der Erschließung anderer Oppida – es sei nur auf Manching verwiesen – ergeben haben; es scheint, als habe die Größe des Heidengrabens die Forschung bisher eher abgeschreckt.

Bei der Niederschrift hatte ich mehrere Ziele im Auge. Mit der Beschreibung der Wehranlagen war notwendig eine Bestandsaufnahme verbunden; in einer Zeit wie der unseren, in der sich grundstürzende Veränderungen des Siedlungs- und Landschaftsbildes mit einer fast atemberaubenden Geschwindigkeit vollziehen, hat diese Aufgabe besonderes Gewicht. Sie hat mich auf zahlreichen Wanderungen und

Streifzügen kreuz und quer durch das Gebiet des Heidengrabens geführt, ohne daß ich allerdings behaupten dürfte, ich hätte nichts mehr zu entdecken; immerhin war ich darauf bedacht, alle in älteren Beschreibungen niedergelegte Beobachtungen nachzuprüfen. Beim Schreiben leitete mich die Hoffnung, den einen oder anderen Leser zum sehenden Wandern verlocken und zu selbständiger Beobachtung anregen zu können – wobei mir die Aussicht, hie und da Widerspruch zu erfahren, durchaus im Interesse der Forschung zu liegen scheint. Schließlich aber sollte auch der geschichtliche, besonders der kulturgeschichtliche Hintergrund, vor dem ein Denkmal wie der Heidengraben erst Profil gewinnen kann, wenigstens skizziert werden, um verständlich zu machen, welche Fragen die Forschung heute an ein keltisches Oppidum stellt.

Von den späteren, mittelalterlichen und neuzeitlichen Wehranlagen sind nur diejenigen berücksichtigt, die sich auf der Grabenstettener Halbinsel selbst befinden; dementsprechend sind auch nur diese in dem Kartenausschnitt im Rückendeckel markiert. Ausführlich bin ich lediglich auf die Befestigungen und Ruinen auf der Berghalbinsel »Baßgeige« nördlich von Erkenbrechtsweiler eingegangen, weil diese kaum bekannt und nicht selten Fehldeutungen ausgesetzt sind. Beim Hohenneuffen habe ich mich auf eine knappe Skizze seiner Geschichte beschränken können, gibt es doch über diese bekannte württembergische Festung eine umfangreiche und gut orientierende Literatur. Im übrigen möge der Leser, der etwa die höchst interessante Geologie dieses Ausschnittes der Schwäbischen Alb vernachlässigt, die historischen Denkmäler zu kurz gekommen findet, sich vergegenwärtigen, daß der Gegenstand der Darstellung das keltische Oppidum Heidengraben ist, hinter dem andere (und nicht weniger interessante) Aspekte der Grabenstettener Halbinsel notwendig zurücktreten mußten.

Glückliche Umstände haben es gefügt, daß ein wenigstens bedingt brauchbarer *Plan* in großem Maßstab vorhanden war und hier verwendet werden konnte. Im Auftrage der Römisch-Germanischen Kommission des Deutschen Archäologischen Instituts in Frankfurt a. M. hatte der Geometer *Georg Kottmayer* (†) in den Jahren des letzten Krieges die Wehranlagen des Heidengrabens im Maßstab 1:1000 aufgemessen und auf sechs zum Teil sehr großen Kartons ausgezeichnet. Diesen Plan hat das Staatliche Amt für Denkmalpflege Tübingen, in dessen Besitz er nach dem Kriege übergegangen war, dankenswerter Weise nicht nur zur Verfügung gestellt, sondern auch vom Landesvermessungsamt Baden-Württemberg unter Reduktion auf den Maßstab 1:5000 reproduzieren lassen. Diese mit großer Kunst hergestellte Grundlage druckfähig zu machen war freilich noch ein hartes Stück Arbeit, der sich Herr *Gerhard Peter,* Zeichner am Institut für Vor- und Frühgeschichte der Universität Tübingen, mit großem Geschick und nicht geringer Geduld unterzogen hat. Wenn gleichwohl einige Mängel nicht zu beheben waren, so handelt es sich doch angesichts der sehr genauen, freilich in einer heute schon ungewohnten Manier ausgeführten Darstellung der Wehranlagen um Schönheitsfehler, die man verschmerzen können sollte. Immerhin sollte man berücksichtigen, daß die Darstellung Kottmayers, die nun unseren Abbildungen 10, 14, 17, 19, 25 und der Beilage (Elsachstadt) zugrundeliegt, nicht deutlich genug zwischen natürlichen Geländekanten und künstlichen Randbefestigungen unterscheidet; besonders für den Westrand der Elsachstadt sei daher ausdrücklich auf den Text (S. 101 ff.) verwiesen. Ferner sollte bedacht werden, daß der Plan Kottmayers topographisch auf dem Stand von ungefähr 1942 basiert und nirgends nachgeführt werden konnte; deshalb erscheint beispielsweise der Burrenhof noch in seiner damaligen und nicht in seiner heutigen Gestalt, daher fehlen auch die unten S. 18 f. aufgeführten Parkplätze, die jedoch in dem Kartenausschnitt des Vorderdeckels angegeben sind.

Bei den vorbereitenden Arbeiten durfte ich mich vielseitiger Unterstützung erfreuen. An erster Stelle habe ich hier zu nennen die Staatlichen Ämter für Denkmalpflege Stuttgart und Tübingen, und zwar besonders die Leiter der jeweiligen Abteilungen Bodendenkmalpflege, die Herren Dr. *Hartwig Zürn* und Dr. *Siegwalt Schiek,* die mir jede erbetene Hilfe haben angedeihen lassen. Ebenso schulde ich dem Württembergischen Landesmuseum Stuttgart Dank für die Anfertigung von Fotografien der hier abgebildeten Funde vom Heidengraben; außer Herrn Direktor Professor Dr. *Siegfried Junghans* möchte ich Frau Dr. *Elisabeth Nau* (Münzkabinett) und den Herren Dr. *Manfred Schröder,* Dr. *Hilmar Schickler* und dem Fotografen *Karl Natter* danken. Die Römisch-Germanische Kommission des Deutschen Archäologischen Instituts in Frankfurt a. M. hat freundlicherweise die Unterlagen für die Karten in den Deckeln und für den Plan Abb. 7 zur

Verfügung gestellt; mein Dank gilt dem Ersten Direktor, Herrn Professor Dr. *Werner Krämer*, Herrn Dozenten Dr. *Ferdinand Maier* und den Brüdern Dr. *Eckehard* und Dr. *Franz Schubert*. Zu besonderem Dank verbunden bin ich Herrn Staatsarchivdirektor Professor Dr. *Walter Grube*, Hauptstaatsarchiv Stuttgart, für eine ausführliche Auskunft über das Neuffener Kellerei-Lagerbuch von 1551/58 mit einer frühen Erwähnung des Heidengrabens. Die *Gemeinde Grabenstetten* gestattete freundlicherweise, die in ihrem Auftrag gefertigte Luftaufnahme Abb. 30 hier zu verwenden. Herr Oberforstrat *Palmer* (Forstamt Urach) hat mir die Begehung abgelegener Teile des Heidengrabens mit einer Fahrgenehmigung dankenswert erleichtert. Der Stadt Urach, dort Herrn *Röhm*, dem Archäologischen Institut der Universität Tübingen, hier Herrn Professor Dr. *Ulrich Hausmann* und Herrn Dr. *Dietrich Mannsperger* sowie Frau *Ruth Balluff*, und Herrn Professor Dr.-Ing. *H. Müller* (Universität Stuttgart) ist es zu verdanken, daß auch eine Reihe von keltischen Münzen, die sich nicht im Münzkabinett des Württembergischen Landesmuseums Stuttgart befinden, hier abgebildet werden konnte. Den Herren *Helmut Burkert* (Schloß Aglishardt) und Pfarrer *Thilo Dinkel* (Kirchheim/Teck) habe ich zu danken für ihre Bereitwilligkeit, mit der sie Funde aus ihren Aufsammlungen am Heidengraben zur Verfügung stellten. Zahlreiche Anregungen und Hinweise verdanke ich Herrn cand. phil. *Jörg Biel* (Neuffen-Stuttgart). Für Auskünfte der verschiedensten Art habe ich zu danken den Herren Professor Dr. *Kurt Bittel*, Präsident des Deutschen Archäologischen Instituts (Berlin und Heidenheim), Direktor Dr. h. c. *Georg Fahrbach* (Stuttgart), Professor Dr. *Rüdiger German* (Tübingen), Professor Dr. *Gustav Riek* (Oberstetten bei Münsingen) und nicht zuletzt Dr. *Gerhard Wein* (Kilchberg bei Tübingen), der mich in alter Verbundenheit freundschaftlich beraten hat für die jüngeren Wehranlagen. Endlich möchte ich auch an dieser Stelle Herrn *Gerhard Peter*, Frau *Heidi Rein* und Fräulein *Kathrin Rosskoth*, Angestellte am Institut für Vor- und Frühgeschichte der Universität Tübingen, für ihre aufopfernde Mitarbeit besonders bei den letzten Vorbereitungen zur Drucklegung Dank sagen.

Dem Herausgeber dieser Reihe, Herrn Professor Dr. *Wolfgang Kimmig*, verdankt dieses Heft nicht nur die Anregung, sondern auch stete und immer in freundschaftlichem Einvernehmen gegebene Förderung und Hilfe. Für diese kordiale Zusammenarbeit möchte ich auch hier meinen herzlichen Dank aussprechen.

Ohne die Arbeit früherer Generationen, die sich mit dem Heidengraben beschäftigt haben, hätte dieses Heft so nicht geschrieben werden können. Mit der Widmung an *Friedrich Hertlein,* der zwar nicht als erster die zutreffende Erklärung gegeben, so doch die Deutung des Heidengrabens bei Grabenstetten als Ruine eines keltischen Oppidums wissenschaftlich begründet hat, soll dem Dank an diese Vorgänger sichtbar Ausdruck verliehen werden.

Tübingen, Ostern 1971 Franz Fischer

ZUR DRITTEN AUFLAGE

Die überraschend schnell eingetretene Notwendigkeit, eine dritte Auflage dieses Führers vorzulegen, wurde wiederum für einige Ergänzungen und Verbesserungen genutzt. Schon in der zweiten Auflage berücksichtigt ist die Befestigung der äußeren Linie mitten durch Grabenstetten, deren Entdeckung Herrn Heinrich Schäfer in Grabenstetten zu verdanken ist. Hier tritt hinzu der Beitrag von Dr. Jörg Biel über seine Untersuchung des Tores G nördlich von Erkenbrechtsweiler (S. 71 ff.). Nur kurz vermerkt werden konnte eine Arbeit von Professor Dr. Rolf Nierhaus in Freiburg, in der das Oppidum Heidengraben mit dem in der »Geographie« des Ptolemaios erscheinenden Ortsnamen *Riusiava* identifiziert wird (S. 30 f.). Herr Schäfer wiederum hat eine Korrektur zu der Straße von Grabenstetten nach Böhringen und Hengen (S. 53) beigesteuert, die auch für die Darstellung des Heidengraben-Oppidums in dem Sammelwerk »Die Kelten in Baden-Württemberg« (1981) S. 354 gelten muß. Im übrigen wurde nur die den Heidengraben unmittelbar berührende, neue Fachliteratur nachgetragen (S. 159). – Herausgeber und Verlag ist für die mit diesen Änderungen verbundene Mühe zu danken.

Tübingen, im Mai 1982 Franz Fischer

WIE ERREICHT MAN DEN HEIDENGRABEN?

Lage

Das keltische Oppidum Heidengraben liegt auf einem halbinselartigen, fast ganz von der Albhochfläche isolierten Plateau *nordöstlich von Urach*. Das Gelände gehört zur »Vorderen Alb«. Die Ruinen und Denkmäler des keltischen Oppidums befinden sich auf den Markungen der Dörfer *Grabenstetten* und *Hülben* im Landkreis Reutlingen (Regierungsbezirk Tübingen) sowie *Erkenbrechtsweiler* und der Stadt *Neuffen* im Landkreis Esslingen (Regierungsbezirk Stuttgart). Mittelbar gehört auch der *Berg Neuffen* mit der Ruine von *Burg und Festung Hohenneuffen* (auf Markung Neuffen) zum Gebiet des Heidengraben-Oppidums. Die frühmittelalterlichen *Ruinen am »Burghörnle«* nordwestlich von Erkenbrechtsweiler liegen auf Markung *Beuren* im Landkreis Esslingen.

Folgende amtliche Karten des Landesvermessungsamtes Baden-Württemberg erschließen das Gebiet des Heidengraben-Oppidums:

Topographische Karte 1:25 000 Blatt 7422 Dettingen an der Erms
(zur Ergänzung sei auch Blatt 7522 Urach empfohlen)

Topographische Karte 1:50 000 Blatt L 7522 Urach
(auch mit Eintragung von Wanderwegen erhältlich)
Diese Karte wird vom Schwäbischen Albverein auch als Wanderkarte 1:50 000 Blatt 9 (Urach–Wiesensteig–Münsingen) an seine Mitglieder abgegeben.

Kraftfahrer seien zur Orientierung auf Blatt 21 der Deutschen Generalkarte 1:200 000 hingewiesen.

Geologisch Interessierten sei die Geologische Karte des Deutschen Reiches 1:25 000 Blatt Nr. 98 (neue Nr. 7422) Dettingen an der Erms empfohlen. Da ein Erläuterungsheft hierzu nicht existiert, sei auf folgende Abhandlungen zum »Schwäbischen Vulkan« hingewiesen, der zu seinen größten Teilen auf der genannten Karte verzeichnet ist:

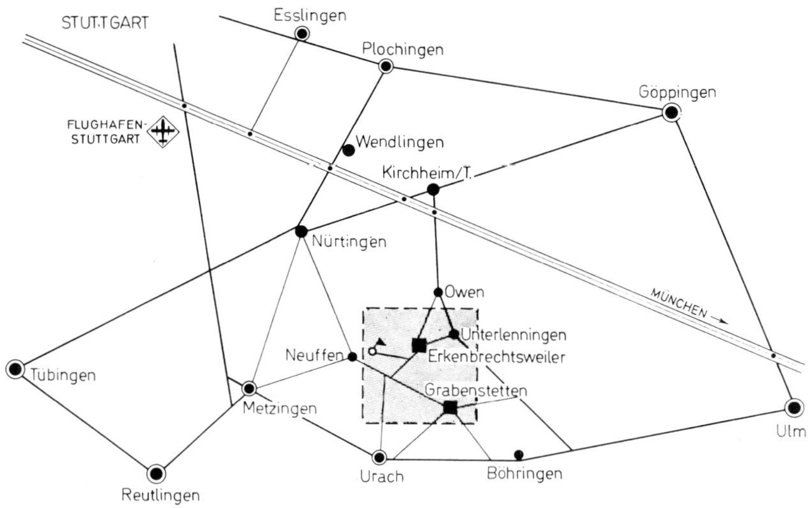

Abb. 1 Der Heidengraben im Straßennetz seiner Umgebung.

Georg Wagner, Vom Schwäbischen Vulkan, in: Jahreshefte des Vereins für vaterländische Naturkunde in Württemberg 111, 1956, S. 108–126.

W. Hiller und O. Mäußnest, Erdmagnetische Messungen am Schwäbischen Vulkan, in: Aus der Heimat, Naturwissenschaftliche Monatsschrift 68, 1960, S. 210–215.

Anreise

Folgende *Bahnstationen* können zum Ausgangspunkt von Tageswanderungen auf den Heidengraben gemacht werden:

1. *Urach.* Endstation der Omnibuslinie 7640 der Deutschen Bundesbahn, zu erreichen über Metzingen an der Bahnstrecke Stuttgart—Plochingen—Reutlingen—Tübingen (325).

Vom Bahnhof Urach aus das Elsachtal aufwärts zur Falkensteiner Höhle und hinauf zum Heidengraben südlich von Grabenstetten.

2. *Neuffen.* Endstation der Nebenstrecke 762 der Deutschen Bundesbahn, zu erreichen über Nürtingen (an der unter Urach genannten Bahnstrecke 325).

Vom Bahnhof Neuffen aus Aufstieg zum Hohenneuffen.

3. *Unterlenningen* an der Nebenstrecke 761 der Deutschen Bundesbahn, zu erreichen über Wendlingen (an der unter Urach genannten Bahnstrecke 325) und Kirchheim unter Teck.

Vom Bahnhof Unterlenningen aus Aufstieg nach Erkenbrechtsweiler.

Über lokale *Omnibusverbindungen* geben die jeweils gültigen Fahrpläne Auskunft.

Kraftfahrer aus den Richtungen *Stuttgart* und *Tübingen* sollten sich an dem Ziel *Urach* orientieren. Von dort führt die kürzeste Verbindung zum Heidengraben über den östlichen Ortsausgang auf der Bundesstraße 28 (Richtung Blaubeuren–Ulm), kurz hinter dem Ort links ab in Richtung auf Grabenstetten durch das Pfäler Tal hinauf nach Grabenstetten selbst. Jedoch gibt es auch noch eine Reihe weiterer Zufahrtsmöglichkeiten, zum Beispiel über *Neuffen* oder auch *Owen* und *Unterlenningen* im Lenninger Tal.

Aus östlicher Richtung (*Blaubeuren* und *Ulm*) benützt man die Bundesstraße 28 bis wenig westlich von Böhringen, biegt dort rechts ab in Richtung Grabenstetten, wobei man genau 1000 m südlich der Ortsmitte von Grabenstetten den Heidengraben südlich dieses Ortes passiert (wenig nördlich davon, westlich der Straße der unten unter 1. genannte Parkplatz).

Kraftfahrer sollten beachten, daß die Ränder des Heidengraben-Plateaus weitgehend für den öffentlichen Verkehr gesperrt und auch im Innern der Hochfläche nicht alle in der Karte verzeichneten Straßen öffentlich zugänglich sind. Die im folgenden genannten *Parkplätze* erleichtern aber den Besuch der Befestigungswerke des Heidengrabens beträchtlich (s. auch Karte im Vorderdeckel):

1. *Südlich von Grabenstetten* unmittelbar westlich der Straße nach bzw. von Böhringen, wenig nördlich des Heidengrabens südlich Grabenstetten. Zu diesem Teil der Befestigung, die von hier aus bequem zu besichtigen ist, siehe unten S. 51 ff.

2. *Zwischen Grabenstetten und Burrenhof* dort, wo die Straße sich der Befestigung der Elsachstadt am stärksten nähert (Parkplatz »Seelenau«), südlich der Straße. Von hier aus Besichtigung der gesamten Elsachstadt zu Fuß. Eiligen Besuchern sei empfohlen, auf dem Wall nach Westen bis zum Waldrand zu wandern und dort Tor A zu besich-

tigen. Für die Besichtigung der südlichen Teile der »Elsachstadt« sollte man, besonders wenn der Heidengraben im »Lauereck« (S. 98) einbezogen werden soll, wenigstens zwei Stunden zur Verfügung haben.

3. *An der gleichen Straße* wie unter Punkt 2, 700 m westlich von diesem, unmittelbar westlich des Straßenknicks nach Westen, an südlich ins Kaltental abzweigendem Weg Wanderparkplatz (Sträßchen für den öffentlichen Verkehr gesperrt). An dem südwestlich abwärts führenden Weg Felspartie »Hügelfels«.

4. *Am Burrenhof* (Café) Parkplatz. Von dort Besichtigung des Heidengrabens am Burrenhof, besonders der südöstlichen Teile; unmittelbar südöstlich des Straßendurchbruchs nach Hülben das große Zangentor F (S. 63 ff.).

5. *An der Straße Burrenhof–Neuffen,* knapp 400 m westlich des Burrenhofs, unmittelbar nördlich der Straße, bei deren scharfer Kurve nach Südwesten (zugleich dort Durchbruch des Heidengrabens), Wanderparkplatz. Bequeme Besichtigung der nordwestlichen Teile des Heidengrabens am Burrenhof (ganz im Wald), nach Norden anschließend reizvolle Traufwanderung.

6. *Nördlich von Erkenbrechtsweiler,* am Weg nach Norden in Richtung »Baßgeige«, Parkplatz westlich dieses Weges. Am Südende des Parkplatzes der keltische Heidengraben-Wall, wenig nördlich breiter Sohlgraben und Wall des mittelalterlichen Heidengrabens (S. 69 ff.). Besichtigung der mittelalterlichen Ruinen am Bruckerfels (im Nordosten) und am Burghörnle (am Westrand), Begehung des Beurenerfelsens (im Nordwesten). Keltischer Heidengraben mit Tor G (s. auch S. 147 ff.).

7. *An der Zufahrt zum Hohenneuffen,* am Waldrand etwa 300 m nordwestlich der Schanze ein bewachter und ein unbewachter Parkplatz. Besichtigung der Schanze und der Molach. Besuch der Festungsruine Hohenneuffen.

Bei den Parkplätzen südlich Grabenstetten (Nr. 1) und am Burrenhof (Nr. 4) werden in näherer Zukunft *Geländemodelle* des Heidengrabens im Maßstab 1:5000 aufgestellt werden, die Übersicht und Orientierung erleichtern.

Wanderwege

Von den Kreisen Esslingen und Reutlingen, den Gemeinden Erkenbrechtsweiler und Grabenstetten und dem Landesdenkmalamt Baden-Württemberg werden drei Wanderwege vorbereitet. Sie werden mit Schildern bezeichnet, die alle den S. 113 Abb. 52, 1 abgebildeten Radnabenstift als Zeichen tragen. In der *im Vorderdeckel abgedruckten Karte* sind die Wanderwege eingetragen:

1. Großer Rundwanderweg (Begehungsdauer wenigstens 5 Stunden): Erkenbrechtsweiler — Burrenhof — Elsachstadt — Grabenstetten — Erkenbrechtsweiler. Dieser Weg berührt alle archäologischen Denkmäler, die in diesem Führer beschrieben sind.
2. Wanderweg rund um die »Baßgeige« (Begehungszeit wenigstens 1 Stunde): vom Parkplatz Nr. 6 (nördlich Erkenbrechtsweiler) zum Beurener Fels, zum Brucker Fels und zum Tor G des Heidengraben-Oppidums und zurück zum Ausgangspunkt. Die mittelalterlichen Befestigungen und Baureste sind einbezogen.
3. Von der Ortsmitte Grabenstetten nach Westen bis zur Mühle, dann nach Süden dem Plateaurand entlang bis zur Befestigung südlich des Ortes (Tor E des Heidengraben-Oppidums), am östlichen Plateaurand entlang bis zur Ruine Hofen und auf den Spuren der in das Dorf führenden Befestigung nach Grabenstetten zurück (Begehungszeit wenigstens 2 Stunden).

Gastronomisches

Verpflegungsmöglichkeiten gibt es das ganze Jahr hindurch in Grabenstetten und in Erkenbrechtsweiler, während einer weit ausgedehnten Saison auch im Burrenhof (Café) und auf dem Hohenneuffen (Restaurant). Wegen des sehr lebhaften Ausflugsverkehrs auch im Frühjahr und Herbst sollten sich Wandergruppen möglichst rechtzeitig anmelden.

Unterkunftsmöglichkeiten bestehen in Grabenstetten und Erkenbrechtsweiler sowie – während der Saison – im Burrenhof, jedoch nur in beschränktem Umfang. Kraftfahrern sei deshalb empfohlen, sich in den umliegenden Orten umzusehen. Als besonders reizvoll seien Urach und Neuffen genannt.

DER HEIDENGRABEN IM SPIEGEL DER FORSCHUNGSGESCHICHTE

Wie so mancher Flurname belegt auch der Name »Heidengraben« ein gutes Stück Volksglauben. Er beruht auf der Vorstellung, die vielfachen Verschanzungen auf der Grabenstettener Halbinsel seien von »Heiden«, das heißt: vor so langer Zeit errichtet, daß keine Erinnerung mehr bis dorthin zurückreiche. Dasselbe gilt für die seltener anzutreffende Bezeichnung »Heidenstadt« für die sichtbaren Reste des keltischen Oppidums. Jedoch ist mit diesen Bezeichnungen noch nichts über das tatsächliche Alter der Wälle und Gräben gesagt. Deshalb haben nachdenkliche Landesbewohner und Gelehrte immer wieder versucht, die Entstehung dieser Befestigungen mit der Landesgeschichte zu verbinden und damit historisch einzuordnen, ja: zu erklären. Gute Beobachtungen und gründliche Quellenstudien haben schon erstaunlich früh zu treffsicheren Urteilen geführt. Aber die Forschungsgeschichte ist hier wie anderswo keineswegs geradlinig verlaufen. Erst aus der immer überzeugender vorgetragenen Aussonderung des historisch und sachlich nicht Denkbaren, schließlich aber auch durch den unmittelbaren Vergleich mit vielfach übereinstimmenden und in der Überlieferung bezeugten Wehranlagen konnte sich die Auffassung bilden, die wir heute für die richtige halten.

Nur unvollständig bekannt ist die erste wissenschaftliche Diskussion über den Heidengraben. Christian Friedrich *Sattler* hatte 1752 in seiner »Historischen Beschreibung des Herzogthums Würtemberg« die Verschanzungen des Heidengrabens in die Zeit der Römerherrschaft gesetzt. Der damalige Uracher Bürgermeister Johann Wilhelm *Kolb* scheint an Sattler geschrieben und eine andere Meinung geäußert zu haben, denn Sattler antwortete Kolb in einem am 23. Oktober 1753 in Stuttgart datierten Brief folgendes:

»Habe ersehen, daß Sie der Meynung seyen, als ob der von mir reggemachte Heydengraben erst während dem dreyßigjährigen Krieg errichtet worden oder vielleicht noch jünger seyn dürfte. Ich nehme mir aber die Erlaubniß, Ihnen Erläuterung zu geben, daß ich in einem Lagerbuch de anno 1551. p. 411 nachstehenden Passum gefunden: ›gehört in ein Lehen, das Schradislehen genannt, ein Jauchert Ackers *hinter dem Graben,* stoßt oben auf Jörgen Günthers Acker und unten auf den *Heydengraben* und hat ein Stelzen.‹ Ich finde auch in diesem Lagerbuch, daß ein Zellg daselbst *zum Graben* genannt wird. Weil nun dieses Lagerbuch 100 Jahr vor dem dreyßigjährigen Krieg gemacht worden, da dieser Heydengraben schon gewesen, und weil er ein NB. Heydengraben genannt wird, – – so muß ich schließen, daß selbiger älter sey.«

Damit war gegen jeden Zweifel geklärt, daß an eine Entstehung des Heidengrabens im oder gar nach dem Dreißigjährigen Kriege nicht gedacht werden durfte. Sattler hat seine Notizen dem Neuffener Kellerei-Lagerbuch von 1551/1558 entnommen, wo auf Blatt 411 die Äkker des dem Stift Urach eigenen Lehengutes zu Grabenstetten in der »Zellg gen Graben« beschrieben sind. Allerdings ist das noch nicht der älteste Beleg des Namens »Heidengraben«. Peter Goessler hat nämlich 1909 aus dem Uracher Lagerbuch von 1454 Bl. 72 einen Zins zu Hülben »uß der Spätenmad, liget an dem *Haidengraben* zu Nyffen« zitiert, wobei sich der Name »Haidengraben« vermutlich auf den Wall beim Burrenhof bezieht; auf jeden Fall ist dieses Namens-Zeugnis noch einmal ein Jahrhundert älter als das von Sattler erwähnte. Aber Sattlers Verdienst liegt doch darin, die Entstehung des Heidengrabens ein für allemal aus dem vermuteten Zusammenhang mit der neueren Landesgeschichte gelöst zu haben; daß er die umfangreichen Wehranlagen den Römern zuschrieb, entspricht ganz den Vorstellungen seiner Zeit, die in solchen Befestigungen gern Grenzwehren erblickte.

Von dieser Auffassung ist zuerst und sogleich mit überaus beachtenswerten Beobachtungen und Überlegungen M. *Gratianus,* Pfarrer zu Hengen, abgerückt. In einem 1824 veröffentlichten Aufsatz, dem wir auch das Briefzitat Sattlers verdanken, bemerkte er, die Wälle des Heidengrabens ließen nirgends Mauerreste erkennen, wie sie bei römischen Bauten vorauszusetzen seien; überdies seien auf der gesamten Grabenstettener Halbinsel bisher keinerlei römische Ruinen oder Funde zutage gekommen. Wohl aber verrieten die »Schnurgerechtigkeit« und die Regelmäßigkeit der Böschungen bei den äußeren Verschanzungen römischen Einfluß, so daß anzunehmen sei, »daß in einer Zeit, in welche(r) unsere Gegenden von den Ureinwohnern verlassen, aber auch nicht von den Römern besetzt waren, etwa vom Jahr Christi 51 bis 98 zurückgebliebene ackerbautreibende Eingeborne ihre Ländereyen gegen Überfälle des herüber gezogenen gallischen Gesindels mit dem Graben beschützten. Der Römer würde die Schluchten verwahrt haben, weil er aus diesen Überfälle befürchten mußte; sie aber ließen die Schluchten offen, um im Nothfalle in das Dickicht der Wälder ihren Rückzug zu nehmen.« Ist in diesen Auslassungen auch die zeitbedingte militärtechnische Interpretation unverkennbar, so wird man andererseits nicht leugnen können, daß Gratianus aufgrund des zutageliegenden Befundes (von den trocken aufgesetzten Mauern in den Wällen konnte er ohne Untersuchung nichts wissen) und anhand der damals gängigen Vorstellungen vom römischen Heerwesen, nicht zuletzt auch aufgrund der antiken Quellen (hinter dem »herüber gezogenen gallischen Gesindel« steht ja unüberhörbar Tacitus Germania cap. 29: levissimus quisque Gallorum et inopia audax) einen Ansatz in die Zeit unmittelbar vor dem Vorrücken der Römer über die Alb, zugleich aber schon unter »römischem« Einfluß gewonnen hat. Diese zum Teil erstaunlich modern anmutenden Argumente führten ihn zu einem Ergebnis, das von unserer heutigen Auffassung nicht mehr weit entfernt ist.

Ohne Gratianus' Arbeit zu kennen, hat Julius *Leichtlen* 1825, also nur ein Jahr später in seinem Buch »Schwaben unter den Römern« gleichfalls gegen Sattler Stellung genommen. Freilich wollte Leichtlen keineswegs die Datierung des Heidengrabens in die Zeit der römischen Herrschaft in Deutschland bestreiten, wie sie Sattler vertreten hatte; er versuchte vielmehr zu beweisen, daß der Heidengraben nichts mit einer römischen Grenzwehr, schon gar nichts mit dem Limes zu tun habe, sondern zusammen mit anderen Verschanzungen die Grenze zwischen den römischen Provinzen Obergermanien und Raetien bezeichne.

Diese Meinung wiederum forderte die Kritik des Freiburger Historikers Heinrich *Schreiber* heraus. Im dritten Band seines »Taschenbuchs für Geschichte und Alterthum in Süddeutschland« (1841) bemerkte er zu Leichtlens »Grenzmarch«-Hypothese, die genannten Wälle und Verschanzungen seien, weil gar nicht zusammenhängend, für den angegebenen Zweck untauglich; ohne die Abmarkung römischer Provinzgrenzen bezweifeln zu wollen, erschienen ihm die Verschanzungen auf der Grabenstettener Halbinsel »als wirkliche Landwehr der vordern Alpfläche und zugleich als Mittel zur Deckung der hinter derselben hinziehenden Heerstraße«. Wenn wir heute dieser Bestimmung kaum größere Überzeugungskraft als derjenigen Leichtlens zubilligen möchten, so soll uns das doch nicht den Blick für den viel wichtigeren Zusammenhang verbauen, in dem Schreiber überhaupt auf den Heidengraben zu sprechen kommt. Schreiber versucht hier nämlich, ausgehend von den von Caesar beschriebenen gallischen »Städten«, solche auch rechts des Rheins – also außerhalb des antiken Gallien – nachzuweisen. Im Heidengraben bei Grabenstetten vermutet er ganz richtig eine solche gallische »Stadt«; für seine Beschreibung zitiert er längere Abschnitte aus dem Aufsatz von Gratianus, an dem er nur den Mangel einer Karte kritisiert. Ausdrücklich erwähnt er jedoch, daß der Hofdomänenrat v. Gok den Forstmeister v. Mandelsloh veranlaßt habe, die Wälle und Gräben des Heidengrabens in die betreffenden Bannkarten und auch in die »Allgemeine Landeskarte des Königl. Statistischen Bureaus« einzutragen; er selbst hat diesen Plan denn auch seiner Abhandlung beigefügt. Mit besonderem Interesse vernehmen wir überdies, daß v. Gok auf die überraschende Ähnlichkeit mit den Verschanzungen bei Kirchzarten östlich von Freiburg hingewiesen habe, in welchen einige Zeit zuvor Leichtlen, auf grundlegenden Studien von Lorenz *Oken* fußend, das in der Geographie des Ptolemaios erwähnte Tarodunum erkannt hatte.

Innerhalb der sehr lebhaften Diskussion über die antiken Stätten des Landes, wie sie in der ersten Hälfte des 19. Jahrhunderts geführt wurde, hatten die Forschungen Heinrich Schreibers erhebliche Bedeutung, und sie sind auch heute noch lesenswert. Um so mehr ist es zu bedauern, daß ihr Verfasser über der Fülle von Einzelheiten und Polemiken – vielfach gegen wahrhaft skurrile Meinungen – nie zu einer leicht greifbaren Zusammenfassung seiner Ergebnisse gelangt ist; man fühlt sich nicht selten an das Körnlein Gold erinnert, das in einem Haufen Heu verborgen liegt. Es ist deshalb kein Wunder, daß seine Ergebnisse von der Landesforschung nicht immer gebührend gewürdigt und herangezogen worden sind.

Ein gänzlich ähnliches Schicksal war jedoch auch der Arbeit Gratianus' beschieden. Eine redaktionelle Nachbemerkung zu diesem Aufsatz von Johann Daniel Georg *Memminger*, dem Schöpfer der württembergischen Landesbeschreibung, läßt schon einen leisen Hauch von Distanz erkennen: »Ohne diese Meynung (daß nämlich der Heidengraben schon vor der römischen Besetzung Süddeutschlands entstanden sei) hier zu bestreiten, bemerken wir nur noch, daß wahrscheinlich nicht blos einzelne Markungsbezirke, sondern auch der Ort Grabenstetten selbst, ihren Namen von dem Graben haben.« Das ist gewiß richtig: 1152 wird der Ort zuerst in der Form »Grabanostetin« genannt. Wesentlicher ist aber in unserem Zusammenhang, daß Memminger offenkundig Gratianus' Meinung über die Entstehungszeit des Heidengrabens nicht teilte: in der Beschreibung des Oberamts Urach (1831) hat er den Heidengraben als ein »ohne Zweifel römisches Werk« bezeichnet. Obgleich der Topograph Eduard *Paulus* (d. Ä.) in der Beschreibung des Oberamts Nürtingen (1848) diese Befestigungen wieder vorrömischen Zeiten zugewiesen hatte, blieben die Verfasser der ersten umfassenden Landesbeschreibung »Das Königreich Württemberg« (1863) diskussionslos bei Memmingers Auffassung. Erst Eduard *Paulus* d. J. hat in der zweiten Bearbeitung dieses Werkes (Bd. 1, 1882), seinem Vater folgend, den Heidengraben wieder zu den vorrömischen Denkmälern gerechnet und im Zusammenhang mit den zahlreichen vorgeschichtlichen Ringwällen des Landes gesehen.

Ausdrücklich hat erst Theodor *Drück* (1890) wieder auf Gratianus zurückgegriffen und den Heidengraben unter Berufung auf diesen mit Nachdruck in vorrömische Zeit gesetzt. Zugleich ließ Drück aber offen, ob die sogenannte Elsachstadt (dazu siehe unten S. 77 ff.) nicht erst in jüngerer, möglicherweise sogar nachrömischer Zeit entstanden sei; unter Hinweis auf die Wehranlage im »Lauereck«, die vor ihm noch niemand erwähnt habe, betonte Drück zugleich die Notwendigkeit einer genauen Geländeaufnahme. Er hatte richtig gesehen: Die Frage einer zeitlichen Unterscheidung zwischen den einzelnen Anlagen des Heidengrabens gewann ihr wahres Gesicht erst durch die topographischen Aufnahmen, zuerst durch den Major z. D. Julius *Steiner* (1893), dann – freilich in nicht ganz zuverlässiger Form – durch den Ulmer Stadtbaurat *Braun* und den Lehrer *Wetzel* (1904). Während Steiner sich in der Datierungsfrage ganz zurückhielt, glaubten Braun und Wetzel, die äußeren Befestigungen, die die Zugänge von der Albhochfläche und aus den Tälern abriegelten, schon in die Hallstattzeit (8.–5. Jh. v. Chr.) setzen zu können. Dabei haben zweifellos die hallstattzeitlichen Funde aus den Grabhügeln beim Burrenhof, die einige Jahre zuvor ausgegraben worden waren, eine gewichtige Rolle gespielt; aber man wird auch zu bedenken haben, daß jüngere, latènezeitliche Funde aus dem Innenraum des Heidengrabens, besonders der Elsachstadt, die auch heute noch recht spärlich sind (siehe unten S. 114ff.), damals überhaupt noch nicht bekannt waren.

Die entscheidenden Schritte in der Erforschung des Heidengrabens verdanken wir ohne Zweifel Friedrich *Hertlein* (Abb. 2). Nach intensiver Beschäftigung mit dem Oppidum von Finsterlohr wandte sich Hertlein, der ja besonders für die Erforschung des römischen Württemberg tätig war, zuerst 1905 dem Heidengraben zu. Er meinte damals, wenigstens in der Elsachstadt habe man ein keltisches Oppidum der Art vor sich, wie sie Caesar einst aus Gallien beschrieben hatte und wie sie einige Jahrzehnte zuvor durch die von Napoléon III. angeregten Untersuchungen genauer bekannt geworden waren. Mit dem Ansatz der äußeren Befestigungslinie in die Hallstattzeit schloß sich Hertlin seinen unmittelbaren Vorgängern an, modifizierte aber deren Auffassung zugleich, indem er die hallstattzeitlichen Grabhügel beim Burrenhof – den Ausgangspunkt für diese Datierung – entgegen der herrschenden Meinung statt ins 7./6. ins 4./3. Jh. v. Chr. setzte; hierbei stützte er sich auf eine antike Nachricht, wonach die in Italien eingefallenen Kelten noch Generationen später nicht in Städten, sondern ausschließlich auf dem Lande gehaust hätten, so daß anzunehmen sei, sie hätten zur Zeit ihres Einfalls nach Italien – spätestens um 400 v. Chr. – noch keine Städte gekannt. Jedoch sah Hertlein sich bald veranlaßt, diese kühne Hypothese zu widerrufen. Anläßlich einer Stuttgarter Tagung im Herbst 1906 stellte ihm der Schwäbische Albverein die Mittel für eine kurze Untersuchung des Heidengrabens (10.–15. September 1906) zur Verfügung; ihre Ergebnisse hat Hertlein schon wenige Wochen später veröffentlicht (1906). Zunächst revidierte er seine Datierung der Burrenhof-Grabhügel im Sinne der herrschenden Auffassung, setzte sie also wieder ins 7. und 6. Jahrhundert v. Chr.; zugleich aber schied er sie mit guten Gründen aus der Reihe jener Argumente aus, die zur Datierung des Heidengrabens und seiner verschiedenen Befestigungslinien herangezogen werden dürften. Die Übereinstimmung der Grabungsbefunde am Heidengraben beim Burrenhof – also einem Teil der äußeren Linie – und am Wall der Elsachstadt bewog ihn, nunmehr alle Befestigungsanlagen als einheitliches Werk anzusehen. Und weil die (übrigens spärlichen) Funde, die bei seinen Sondie-

Abb. 2 Professor Dr. Friedrich Hertlein.

rungen zutage gekommen waren, ausschließlich der jüngeren Latènezeit angehörten, setzte Hertlein nunmehr den gesamten Heidengraben – die äußeren Befestigungen ebenso wie die Elsachstadt – ins letzte vorchristliche Jahrhundert.

Diese Auffassung blieb jedoch keineswegs unwidersprochen. Peter *Goessler* (Abb. 3), damals Assistent an der Königl. Altertümersammlung in Stuttgart, betonte in einem 1908 gedruckten Vortrag die Notwendigkeit, trotz aller Skepsis gegen frühere, allzu poetische Deutungen *alle* Denkmäler und Siedlungsspuren in und unmittelbar bei prähistorischen Befestigungsanlagen zu deren Erklärung und Datierung heranzuziehen. Daher waren Goessler eben die hallstattzeitlichen Grabhügel beim Burrenhof ein Beweis dafür, daß wenigstens die äußere Linie der Heidengraben-Befestigungen schon in der Hallstattzeit entstanden sein müsse; freilich sei sie in der späteren Latènezeit wieder benutzt worden, und es sei eine Aufgabe künftiger Forschungen, die verschiedenen Baustadien durch neue Untersuchungen festzustellen und im Befund voneinander zu trennen.

Gegen diese Umkehrung der Beweislast hat sich Hertlein sogleich deutlich zur Wehr gesetzt. Im Jahre 1909, nach einer weiteren Sondierung am Heidengraben, schrieb er, nicht nur der vollständige Mangel an hallstattzeitlichen Funden im Zusammenhang mit den Befestigungsanlagen, sondern auch die bisherige Kenntnis hallstatt- und latènezeitlicher Fortifikationen verbiete es, die äußere Heidengraben-Linie in die Hallstattzeit zu setzen; die Hügelnekropole beim Burrenhof für die Datierung heranzuziehen liege keinerlei überzeugender Grund vor. Deshalb hat Hertlein auch an seiner These festgehalten, alle Befestigungsanlagen des Heidengrabens seien ein einheitliches Werk der späten Latènezeit.

Die auf gemeinsamen Forschungen und Interessen beruhende Freundschaft, die Hertlein und Goessler verband und in deren Zusammenhang auch Eugen *Nägele*, der langjährige Vorsitzende des Schwäbischen Albvereins (Abb. 3), schon wegen seiner aktiven Teilnahme an den Forschungen am Heidengraben genannt werden muß, hat Goessler freilich nicht gehindert, an seiner Meinung festzuhalten. Er mußte sich denn auch bestärkt fühlen, als sein Assistent Walther *Veeck* im Jahre 1923 auf Anregung des Urachers Rudolf *Kapff* im Westen der Elsachstadt »in der Strangenhecke« und im Umkreis der nahebei gelegenen Quelle eine Sondierung vornahm und dabei Siedlungsspuren der späten Hallstatt- und der frühen Latènezeit, außerdem auch Funde der römischen Kaiserzeit zutage förderte. In Veecks Bericht (1924) sind daher auch die Argumente Goesslers noch einmal vorgetragen und über diejenigen Hertleins gestellt worden.

Auf die Dauer war indessen doch nicht zu verkennen, daß sich die Auffassung Goesslers auf eine unzureichend gesicherte Kombination und nicht auf konkrete Anhaltspunkte stützte. In seinem 1934 erschienenen Buch »Die Kelten in Württemberg« hat Kurt *Bittel*, der hier erstmals die gesamten latènezeitlichen Funde des Landes zusammenfassend behandelte, die außerordentliche Größe des befestigten Raumes hervorgehoben, die bei einem keltischen Oppidum nicht ungewöhnlich, von hallstattzeitlichen Befestigungsanlagen dagegen unbekannt ist; die Grabhügel beim Burrenhof schloß auch er aus der Reihe derjenigen Argumente aus, die für die Datierungsfrage herangezogen werden können. Wenn Bittel auch ausdrücklich die Möglichkeit zugestand, daß einzelne Abschnitte der äußeren Befestigungslinie des Heidengrabens (wie etwa

Abb. 3 Professor Dr. Peter Goessler und Professor Eugen Nägele (1937 auf der »Baumburg« nahe der Heuneburg bei Hundersingen).

die Linie südlich Grabenstetten) älter als das keltische Oppidum sein könnten, so schloß er sich im wesentlichen doch der Meinung Hertleins an, es handle sich bei den Befestigungen sowohl der äußeren Linie als auch der Elsachstadt um ein einheitliches Werk der Spätlatènezeit, das heißt des letzten vorchristlichen Jahrhunderts. In einer späteren, 1950 erschienenen Arbeit über das Oppidum bei Finsterlohr im Taubergrund ist Bittel noch einmal auf den Heidengraben, besonders auf die architektonischen Gesichtspunkte der Befestigungsanlagen zurückgekommen, deren großzügige und vielfach betont geradlinige Führung im Gelände ihm ohne eine (wenn auch noch so ferne) Anregung durch die Festungsarchitektur des mediterranen Südens nicht verständlich schien. Ähnliche Gedanken hat später Wolfgang *Dehn* in mehreren Arbeiten zur Mauertechnik und zu den charakteristischen »Zangentoren« geäußert, auch präzisiert. Damit ist im Grunde der schon von Gratianus gesehene Zusammenhang zwischen der Architektur der Heidengraben-Wehranlagen und der Festungsbaukunst der klassischen Antike – bei Gratianus noch in der pauschalen Form der »Römer« – neu formuliert, ja bestätigt worden.

Die von Hertlein in ihrer heutigen Form begründete, in ihren Wurzeln bis auf Gratianus und Schreiber zurückgehende Meinung, die Befestigungsanlagen des Heidengrabens bei Grabenstetten stammten von einem keltischen Oppidum der Art, wie wir sie durch Caesars Beschreibungen aus Gallien kennen, ist von der archäologischen und historischen Forschung um so lieber übernommen worden, als sie sehr gut in das Bild paßt, das wir uns heute von den keltischen »Städten« nicht nur des caesarischen Gallien, sondern auch ganz Süddeutschlands, Österreichs, Böhmens und Mährens machen können. An einen Ansatz der beiden Befestigungslinien des Heidengrabens in die Hallstattzeit zu denken, ist heute nicht mehr erlaubt: noch niemals sind in ihrem Zusammenhang hallstattzeitliche, bei Tor F und am Heidengraben der Elsachstadt aber mehrfach spätlatènezeitliche Funde zutage gekommen. Um von anderen und nicht weniger wichtigen Einzelheiten hier abzusehen: Nicht zuletzt dank der Ausgrabungen auf der Heuneburg, denen das erste Heft dieser Reihe gewidmet ist, haben wir über das Siedlungs- und Befestigungswesen der Hallstattzeit seit der Kontroverse zwischen Hertlein und Goessler so viel dazugelernt, daß wir diese Möglichkeit heute mit Sicherheit ausschließen können.

Indessen besteht keinerlei Anlaß, alle Fragen des Heidengrabens für gelöst zu halten. Eine merkwürdig geringfügige Rolle spielt in allen Erörterungen die Frage, ob denn der antike Name dieses Oppidums in der Überlieferung irgendwo faßbar sein könnte. Paul *Reinecke,* der Altmeister der deutschen prähistorischen Forschung, hat in einer Übersicht über die Lokalisierung antiker Ortsnamen in Bayern (1924) vorgeschlagen, das in der Geographie des alexandrinischen Gelehrten Klaudios Ptolemaios (II 11, 15) genannte *Riusiava* auf dem Heidengraben zu suchen. Da Reinecke jedoch keine Begründung gegeben hat, ist seine Anregung lange Zeit ganz ohne Echo geblieben. Die provinzialrömische Forschung jedenfalls hat *Riusiava* überwiegend in dem römischen Kastellort Rißtissen an der Donau vermutet. Kürzlich indessen ist Rolf *Nierhaus* aufgrund von Überlegungen, die dem Zustandekommen der oft rätselvollen Daten des Ptolemaios gelten, in der Sache auf Reineckes Vorschlag zurückgekommen. Leider fehlen bisher lokale Anhaltspunkte, so daß abzuwarten bleibt, ob sich diese interessante Hypothese bewährt.

Aber es gibt doch wohl noch andere Probleme am Heidengraben zu lösen, zugleich Fragen, die erheblich mehr Aussicht auf erfolgreiche Lösung bieten. Seit Hertleins Untersuchungen ist nie mehr versucht worden, die Befestigungen oder den siedlungsverdächtigen Innenraum der Elsachstadt daraufhin zu sondieren, ob sich nicht doch weitere Anhaltspunkte für die genauere Beurteilung der gewaltigen Festungsanlage und für ihre Zeitstellung dort finden lassen. Die kleine Untersuchung Walther Veecks im Westen der Elsachstadt hat, so nützlich und nötig sie war, im Grunde am Zentrum der Siedlung und ihrer Probleme vorbeigeführt. Die vielfachen Bemühungen lokaler Interessenten, für die neben dem schon erwähnten Rudolf Kapff die Pfarrer Dr. *Losch* und Dr. *Herrmann* stellvertretend genannt seien, haben zwar zu einer ganzen Reihe erfreulicher Funde und Beobachtungen geführt, lassen aber noch immer die Frage verständlich erscheinen, ob denn im Innern der Elsachstadt wirklich, wie man voraussetzen möchte, eine Siedlung von nennenswertem Umfang bestanden hat, die sich mit dem Bild eines keltischen Oppidums – zumal von solchen Dimensionen und mit so großartigen Befestigungsanlagen – unmittelbar verbindet. Die nicht wenigen keltischen Münzen – im Verhältnis zum Fundspiegel des Landes gesehen –, die innerhalb des Heidengrabens und in seiner näheren Umgebung gefunden wurden, aber auch einige der bisher spärlichen Kleinfunde deuten zwar darauf hin, daß wir uns in dieser Vermutung kaum täuschen werden, nehmen sich aber gegenüber Beständen von bis zu 2000 Münzen aus einem einzelnen, wennschon ausgegrabenen Oppidum Galliens – und das ist keine Seltenheit – außerordentlich bescheiden aus. Um so nötiger ist es zu sagen, daß die Erforschung des keltischen Oppidums Heidengraben, die Erfassung seiner geschichtlichen Existenz im Grunde erst ganz am Anfang steht. Dieses Bemühen kann nicht zum Ziel haben, schöne Funde zu gewinnen (so willkommen diese immer sein werden) oder ein Mauerstück freizulegen; vielmehr stehen wir vor der Aufgabe, die Siedlung – die ja kaum die ganze Elsachstadt ausgefüllt haben wird – zu lokalisieren und so umfassend wie möglich aufzudecken, um ein Bild von ihrer Ausdehnung, ihrer Gliederung, ihrer wirtschaftlichen Bedeutung und vielleicht auch von ihrer politischen Rolle zu gewinnen. Das jedoch ist eine Aufgabe, die nur aufgrund großzügiger und genauer Planung in systematischer Arbeit zu bewältigen ist, wie das etwa bei der Untersuchung des Oppidums bei Manching nahe Ingolstadt, aber auch bei einer ganzen Reihe keltischer Oppida in der Tschechoslowakei geschieht. Diese Arbeit liegt als eine Zukunftsaufgabe der Forschung noch vor uns, und wir können nur hoffen, daß der Tag nicht mehr allzu fern ist, an dem sie ihren Anfang nehmen kann. Erst dann beginnt die opfervolle Mühe vergangener Forschungsgenerationen ihre Früchte zu tragen.

DAS OPPIDUM

Der Heidengraben bei Grabenstetten und Erkenbrechtsweiler auf der Schwäbischen Alb zwischen Urach und dem Lenninger Tal gehört zu einer besonderen Gruppe vorgeschichtlicher, befestigter Siedlungen, die wir als keltische Oppida bezeichnen. »Oppidum« ist ein lateinisches Wort, das man etwa mit »Stadt« übersetzen kann – freilich mit einigen wesentlichen Einschränkungen. Ursprünglich bezeichnete »oppidum« nämlich nur einen befestigten Platz, ganz unabhängig davon, ob er ständig besiedelt war oder ob er von der umwohnenden Bevölkerung nur im Notfall aufgesucht wurde. Wenn also das Wort »oppidum« lediglich eine Befestigung, aber nicht ohne weiteres auch eine Siedlung voraussetzt, so ist auch leicht einzusehen, daß ihm eine rechtliche Qualifikation fehlt: Damit konnte alles bezeichnet werden von der einfachen Fliehburg bis zur staatsrechtlich souveränen Stadt.

Heute gebrauchen wir das Wort »oppidum« in Anlehnung an die Schilderung keltischer »Städte« Galliens, die C. Julius Caesar in seinen *Commentarii de bello Gallico* gegeben hat. Darin ist zwar noch die ganze Breite des genannten Sprachgebrauchs lebendig; aber die unbesiedelten Fliehburgen treten doch stark zurück gegenüber den dicht bevölkerten und allseitig umwehrten »Städten« des südlichen und mittleren Gallien. Als man im 19. Jahrhundert in Frankreich begann, diese Plätze zu untersuchen, hat man sich wie selbstverständlich daran gewöhnt, sie mit dem von Caesar so oft gebrauchten Begriff »oppidum« zu bezeichnen. Im Französischen hat sich dieses Wort so allgemein eingebürgert, daß es heute jede befestigte Siedlung aus historischer Vergangenheit bezeichnen kann – gleich welcher Größe. Demgegenüber hat man in Deutschland an dem durch Caesar gegebenen Ausgangspunkt strenger festgehalten und den Sprachgebrauch auf die keltischen »Städte« aus der Zeit unmittelbar vor dem römischen Ausgriff nach Gallien und an den Rhein beschränkt.

Damit ist nach deutschem Sprachgebrauch der größte Teil aller vor- und frühgeschichtlichen Befestigungsanlagen von vornherein von der

Benennung als »oppidum« ausgeschlossen. Anlagen wie etwa die späthallstattzeitliche Heuneburg bei Hundersingen an der oberen Donau (siehe das erste Heft dieser Reihe) gehören eben trotz ihrer offenkundig schon stadtähnlichen Besiedlung nicht hierher. Denn ein keltisches Oppidum hebt sich von allen älteren und den meisten jüngeren befestigten Siedlungen in der Regel durch die ungewöhnlichen Dimensionen seines befestigten Raumes ab, der vielfach selbst die Fläche der größten mittelalterlichen Städte nicht nur Deutschlands wesentlich übertrifft (Abb. 9). Selbstverständlich gibt es auch hier nicht geringe Unterschiede. So umschließt beispielsweise der gewaltige Ringwall des vindelikischen Oppidums von Manching nahe Ingolstadt eine Fläche von etwa 350 Hektar, die äußere Befestigung des Oppidums auf dem Donnersberg in der Pfalz rund 240 Hektar. Dagegen sind beispielsweise Tarodunum bei Zarten östlich von Freiburg im Breisgau mit 129 Hektar oder das Oppidum bei Finsterlohr im Taubergrund mit 123,5 Hektar geschütztem Innenraum erheblich kleiner, auch wenn sie älteren Befestigungen des 1. vorchristlichen Jahrtausends gegenüber noch immer riesig anmuten. Zu diesen kleineren Anlagen gehört auch die Elsachstadt des Heidengrabens bei Grabenstetten mit 153 Hektar geschützter Fläche; rechnet man jedoch den gesamten, von den äußeren Befestigungen umschlossenen Raum, der, noch niemals genau ausgemessen, nach einer vorläufigen Berechnung ungefähr 1662 Hektar umfaßt, so darf der Heidengraben als das größte keltische Oppidum auf deutschem Boden, ja als eine der größten Anlagen dieser Art überhaupt gelten. Selbstverständlich ist das nicht ohne Rücksicht auf die Geländegestalt zu sehen.

Diese betonte Größe des befestigten Raumes verband sich mit einer überraschend großzügigen, oft geradezu raffinierten Führung der Befestigungsanlagen im Gelände. Lange, schnurgerade Linien, symmetrische Abwinkelung der Flanken wie an dem Sperrwerk südlich von Grabenstetten und die charakteristischen »Zangentore« (dazu siehe S. 66 ff.) sind gewichtige Neuerungen gegenüber dem Befestigungswesen älterer Zeit – und sehr wahrscheinlich nicht ohne Anregung durch die Festungsbaukunst des mediterranen Südens zu verstehen; auf Einzelheiten kommen wir noch bei der Besprechung der Befestigungen zurück (siehe S. 49 ff.). Aber auch die innere Struktur einer solchen Oppidum-Siedlung, nicht zuletzt ihre wirtschaftliche Bedeutung für die nähere

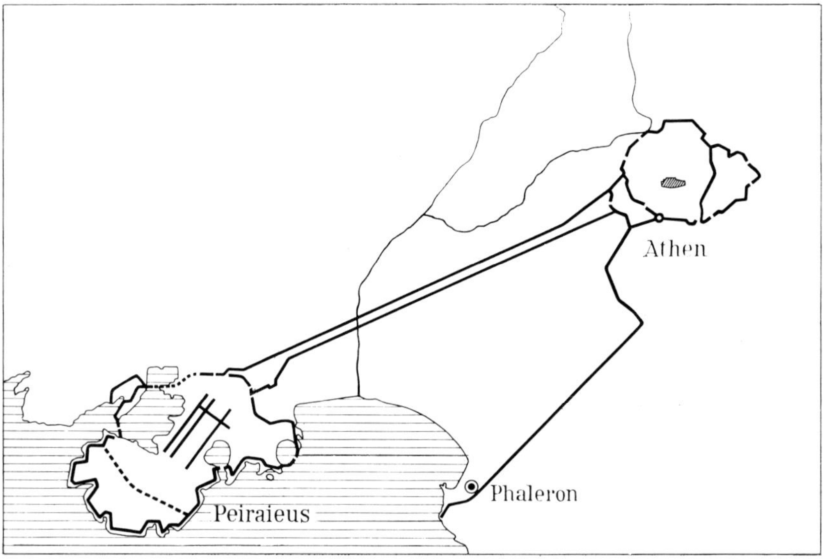

Abb. 4 Athen im 5. Jahrhundert v. Chr. mit den »Langen Mauern« und der Phaleronischen Mauer.

und weitere Umgebung, bezeugt tiefgehende Verbindungen mit der Kulturwelt des Mittelmeer-Raumes in hellenistischer Zeit. Die Konzentration von Handwerkern aller möglichen Branchen an einem Ort, gar ihre Ansiedlung in bestimmten Quartieren, wie das mindestens für die Zeit nach Caesar für den *Mont Beuvray* – das antike *Bibracte,* nach Caesar (b. G. I 23, 1) *oppidum Haeduorum longe maximum et copiosissimum* – nachgewiesen ist, entspricht genau der wirtschaftlichen Struktur der städtisch organisierten Welt des Mittelmeergebietes. Auch wenn diese Gruppierung in Quartiere bisher nicht allgemein belegt werden kann, so bleibt auf jeden Fall die Konzentration der handwerklichen Produktion in den keltischen Oppida als gewichtigste Übereinstimmung mit dem mediterranen Süden bestehen. In die gleiche Richtung weist, daß in diesen Oppida offenbar auch keltische Münzen geprägt wurden. Beispielsweise kennen wir aus Manching und aus Altenburg-Rheinau Schmelzformen für Münzschrötlinge (Abb. 60), ebenso aus einer großen Zahl weiterer Oppida Galliens und Böhmens. Dieser entwickelte Geldverkehr aber deutet wiederum auf eine weitere wirtschaftliche Funktion unserer Oppida hin: Offensichtlich waren sie Markt- und Handelsplätze von weit überregionaler Bedeutung; wie sonst wäre die Häufung von Funden keltischer Münzen im und um den Heidengraben zu verstehen? Daß wir hier nicht auf falscher Fährte sind, zeigen uns die vielfältigen Belege für einen weitreichenden Fernhandel. Weinamphoren aus Italien, bronzenes, ja sogar tönernes Geschirr aus den Landschaften südlich und südwestlich der Alpen sind sehr wahrscheinlich nur die unvergänglichen Reste eines sehr viel umfangreicheren Handelsverkehrs sowohl innerhalb der keltischen Gebiete Mitteleuropas als auch zwischen diesen und dem mediterranen Süden. Auch in dieser Hinsicht also finden wir eine weitgehende Übereinstimmung mit der antiken Stadtkultur. Hinzugefügt werden darf noch, daß wir in den Oppida vielfach in größerem Umfang mit eisenverarbeitenden Werkstätten zu rechnen haben; in dem wohl vindelikischen Oppidum *Alkimoennis* bei Kelheim an der Donau wurde Roheisen in großem Umfang verhüttet.

Diese Konzentration wirtschaftlicher Funktionen in den keltischen Oppida hat weitreichende Folgen gezeitigt; darauf kommen wir (Seite 44 f.) noch einmal zurück. Sie hatte sich aber hier, offenbar ganz im Gegensatz zur Welt des Mittelmeergebietes, noch nicht wesentlich auf die politische Verfassung ausgewirkt, als die keltischen Gebiete Mitteleuropas endgültig dem Imperium Romanum einverleibt wurden. Bei den Kelten waren politische Entscheidungen, soweit wir wissen, bis zuletzt noch immer Sache der Aristokratie, die eine umfangreiche und zumeist recht schlagkräftige Klientel hinter sich hatte; jedenfalls wissen wir nichts von einer Sonderstellung der Oppidum-Bewohner, die als »oppidani« im engeren Sinne nirgends erscheinen. Von politischer Selbstverwaltung, wie sie die mediterrane Kulturwelt in der Nachfolge der griechischen Polis-Verfassung für selbstverständlich hielt und auch unter fremder Herrschaft weitgehend bewahrte, war bei den keltischen Oppida eben noch keine Rede. Das ist der Grund, weshalb wir das lateinische »oppidum« nicht einfach mit unserem deutschen Wort »Stadt« wiedergeben können, sondern den lateinischen Begriff unübersetzt stehen lassen.

Es wird nun auch verständlich, daß die Kelten die antike – im Grunde die griechische – Stadt nur als Siedlungs- und Wirtschaftsform übernehmen konnten, indem sie zugleich deren Organisation und Funk-

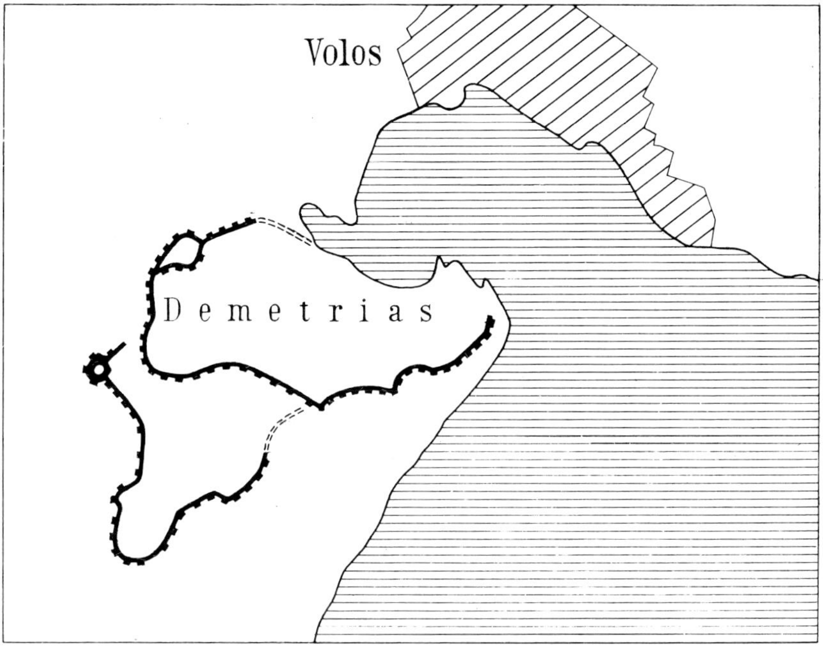

Abb. 5 Die makedonische Königsstadt Demetrias am Golf von Volos, Griechenland.

tion ihren eigenen politischen und sozialen Verhältnissen anverwandelten. Im Erscheinungsbild freilich ist die Ableitung aus dem griechisch bestimmten Süden vielfach geradezu mit Händen zu greifen. Betrachtet man einmal die Dimensionen und läßt dabei die ohnedies nur zu schätzenden Bevölkerungszahlen beiseite, so erweist sich als eine wesentliche Übereinstimmung zwischen den keltischen Oppida und den griechischen Städten klassischer und vor allem hellenistischer Zeit die großräumige, unter wohldurchdachter Benützung des Geländes angelegte Befestigung, in der die Siedlung selbst nur einen Teil des umschlossenen Raumes beanspruchte. Hier wird man sich zunächst an Athen erinnern (Abb. 4), das im 5. Jahrhundert v. Chr. durch die »Langen Mauern« mit dem (neuen) Hafen von Piräus, später durch die phaleronische Mauer auch mit dem (alten) Hafen von Phaleron verbunden wurde und damit der ländlichen Bevölkerung Attikas ein Refugium verschaffte, das zeitweilig während des Peloponnesischen Krieges erhebliche militärische

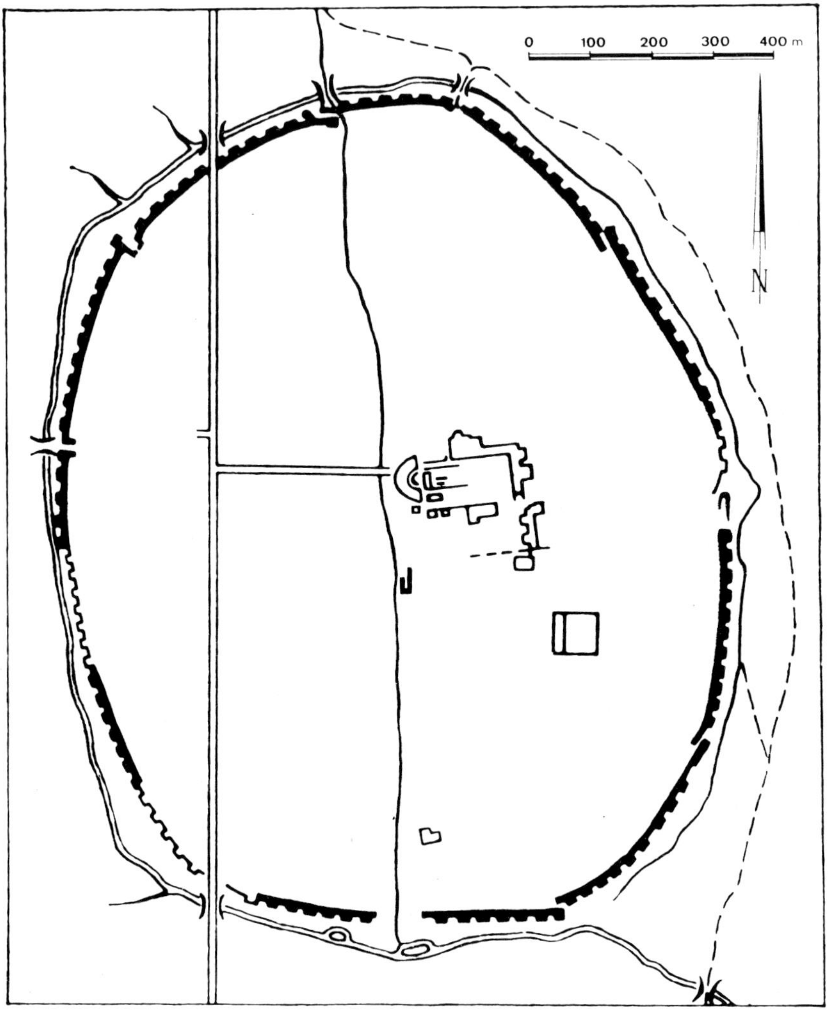

Abb. 6 Mantineia in Arkadien, Griechenland.

Abb. 7 Das Vindeliker-Oppidum bei Manching nahe Ingolstadt.

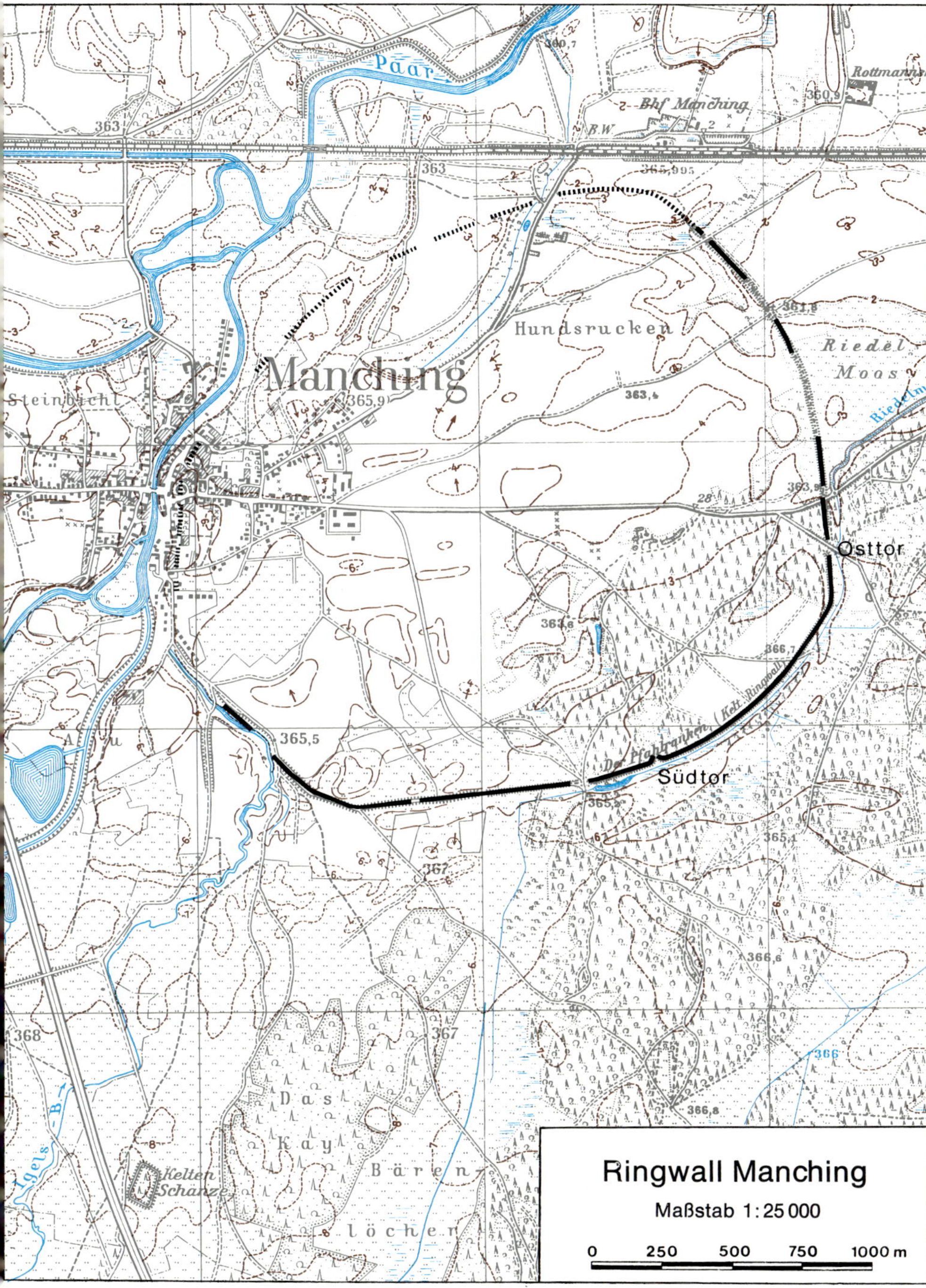
Paar
Bhf Manching
Manching
Steinbichl
Hundsrucken
Riedel Moos
Osttor
Südtor
Das Kay Bären-löcher
Kelten Schanze
Ringwall Manching
Maßstab 1:25 000
0 250 500 750 1000 m

Bedeutung gewann; mit gutem Grund hat denn auch Sparta beim Friedensschluß die Schleifung dieser Mauern durchgesetzt. Vor allem aber haben Stadtbefestigungen hellenistischer Zeit die großräumige Ausnutzung des Geländes bevorzugt, möglicherweise unter dem Eindruck der nun allgemein gewordenen Massenheere, denen man die sofortige vollständige Einschließung der betreffenden Stadt erschweren wenn nicht unmöglich machen wollte. Als besonders imposantes Beispiel ist hier die im Jahre 293 v. Chr. auf 428 Hektar Fläche angelegte Königs-Stadt Demetrias am Golf von Volo zu nennen, gegründet von Demetrios Poliorketes, einem der kriegstechnisch begabtesten Diadochen. Die 4 m hohe Stadtmauer war 7 km lang und mit 87 Türmen bewehrt, im übrigen so geführt, daß sie alle dominierenden Punkte in der nächsten Umgebung der Wohnsiedlung einbezog. Sie gilt daher als ein besonderes Meisterstück griechischer Befestigungskunst (Abb. 5). Ähnliche Riesenanlagen dieser Art, aber mit sehr viel kleineren Siedlungen im Innern, sind aus dem westlichen Griechenland, aus Akarnanien und Ätolien bekannt; zu erinnern ist aber auch an die gewaltige Befestigung von Syrakus, die Dionysios I. in den Jahren 402 bis 397 v. Chr. angelegt hat: mit über 20 km Länge umfaßte die Stadtmauer auch das immer unbewohnte Gebiet von Epipolai, an dessen Spitze das noch heute staunenerregende Kastell Euryalos lag.

Dazu tritt aber noch ein anderes Element der antiken Stadtentwicklung. Die griechische Stadt des 1. Jahrtausends v. Chr. – die befestigten Siedlungen der Bronzezeit, besonders der mykenischen Kultur müssen wir hier beiseite lassen – nahm ihren Anfang in akropolisartig gelegenen Burgsiedlungen, denen sich zuerst offene, vielfach erst spät zusätzlich befestigte Unterstädte anschlossen. Schon im 5., vor allem aber im 4. Jahrhundert v. Chr. begann man indessen bei Neugründungen ringförmige Stadtmauern anzulegen, die im Innern nur eine Wohnsiedlung, aber keine Burg mehr beherbergten. Eines der besten Beispiele für die alte, »gewachsene« griechische Stadt ist Athen (Abb. 4), für eine Neugründung ohne Akropolis mag Mantineia in Arkadien (Abb. 6) stehen. In dieser Entwicklung spiegelt sich ein gutes Stück altgriechischer Verfassungsgeschichte. In der Tyrannenzeit des 6. Jahrhunderts hatten die alten Stadtburgen den Stadt-Herren als wichtige Stützpunkte ihrer Macht gedient; Peisistratos hat sich geradezu durch die handstreichartige Besetzung der Akropolis zum Tyrannen Athens aufgeschwungen. Das Fehlen einer Akropolis wie in Mantineia ist daher einleuchtend aus der Absicht erklärt worden, eine Tyrannenherrschaft mindestens zu erschweren, auf der anderen Seite aber bei einer Belagerung alle Bürger der Stadt gleichmäßig an der Verteidigung zu interessieren und keinem die Hoffnung zu belassen, sich im äußersten Fall auf die Burg zurückziehen und dort mit einer Gruppe ebenso Begünstigter entweder eine Wendung der Dinge abwarten oder doch mit dem Gegner einen Abzug zu erträglichen Bedingungen aushandeln zu können, während die große Masse der Bürger der Willkür des Gegners preisgegeben war.

Aus diesen Wandlungen im Erscheinungsbild der griechischen Stadt, die ja nicht nur für die griechischen Siedlungen selbst, sondern auch weit darüber hinaus besonders in der westlichen Hälfte des Mittelmeergebietes bestimmend waren, werden auch manche Besonderheiten der keltischen Oppida verständlich. So leuchtet es unmittelbar ein, daß wir in den nahe der gallischen Südküste gelegenen, zum Teil schon sehr früh besiedelten Oppida unmittelbare Anregungen der griechischen Polis zu erblicken haben. Aber auch in den Tafelberg-Oppida wie etwa Gergovia (Abb. 8,2) und Alesia (Abb. 8,1) meint man die griechisch-mediterranen Vorbilder noch unmittelbar greifen zu können. Bei den weiter im Norden gelegenen Oppida Galliens und Süddeutschlands gibt es, wie Dehn gezeigt hat, eine ganze Reihe von Lagetypen, etwa auf einem Bergmassiv (wie der Donnersberg), auf einem weiträumigen Bergplateau (wie der Titelberg in Luxemburg oder unser Heidengraben), in einer oder in mehreren Flußschlingen (wie Altenburg-Rheinau) oder – als »Rundling« – mitten in der Ebene (wie Manching, Abb. 7). Mit ganz wenigen Ausnahmen, es sei an Besançon erinnert, kennen diese Oppida keine Burg. Eine mögliche Erklärung ist vielleicht darin zu suchen, daß die keltische Aristokratie mindestens anfänglich nicht in den Oppida wohnte, auch wenn sie sich bei Versammlungen und zu Beratungen zeitweilig dort aufhielt. Die Oppida waren eben (noch) nicht die ausschließlichen Mittel- und Bezugspunkte politischen Geschehens innerhalb des Keltentums, so daß sich – mindestens institutionell – noch keine politischen Herrschaftstitel an ihren Besitz knüpften und aufwendige Vorkehrungen zu dessen Behauptung unnötig waren. So gut sich also die burglose, gegründete Stadt wie Mantineia als allgemeines Vorbild begreifen läßt, so wenig darf man daraus auf eine Überein-

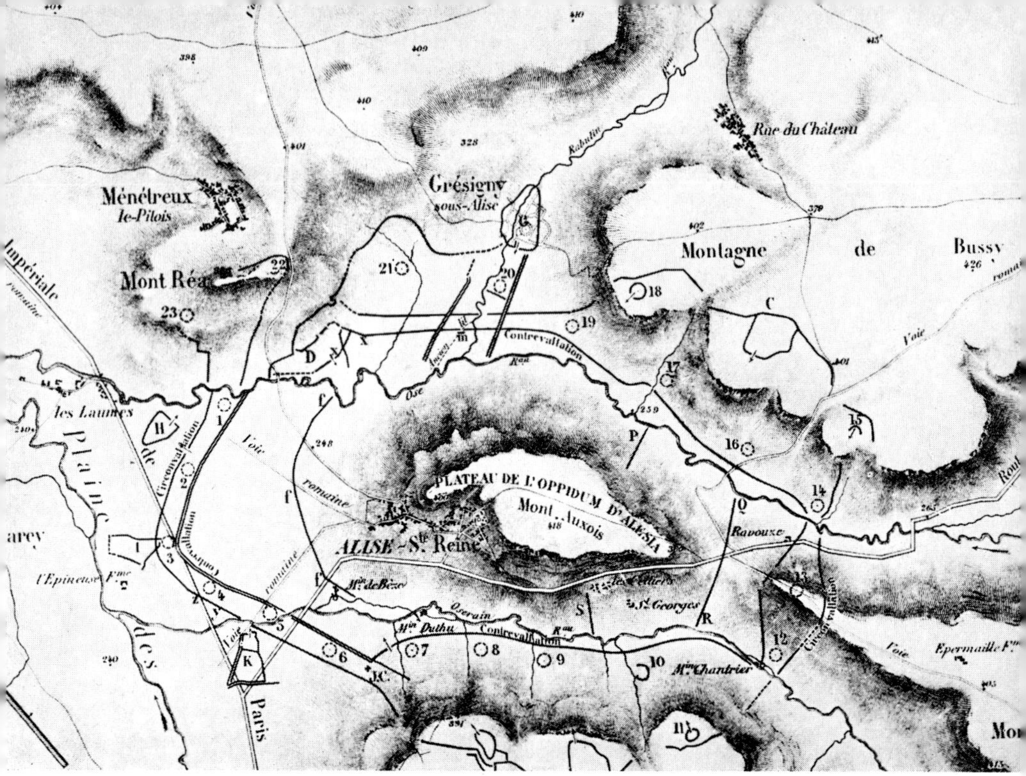

Abb. 8, 1 Alesia mit den Belagerungsgräben Caesars.

stimmung auch der politischen und sozialen Verhältnisse schließen. Andererseits liegt die Frage nahe, ob das Aufkommen weiträumiger Befestigungsanlagen nicht auch bei den Kelten selbst mit dem Erscheinen von Massenheeren zusammenhängen könnte; unter den freilich ungewöhnlichen Verhältnissen des gallischen Aufstandes des Jahres 52 v. Chr. bezeugt sie Caesar ausdrücklich. Ob dies als ein Reflex auf die Kriegstechnik der mediterranen Welt oder als eigene Entwicklung zu verstehen ist, mag dabei offen bleiben; entscheidend ist vielmehr die Überlegung, das mediterrane Vorbild großräumiger Befestigung könne einem (vielleicht erst in Ansätzen vorhandenen) Bedürfnis innerhalb des Keltentums entsprochen haben.

Die etwas komplizierten Zusammenhänge zwischen der klassischen Antike und den keltischen Oppida lassen sich jedoch nicht nur mit Hilfe solcher Vergleiche und Überlegungen, sondern ganz konkret in einigen praktischen Dingen wie etwa der Konstruktion der Mauern (S. 84 ff.) und der Tore (S. 63 ff.) aufzeigen. Hier wollen wir nur das Phänomen dieser Beziehungen im Auge behalten und uns bei dieser Gelegenheit daran erinnern, daß man im Rom Ciceros mit einigem Staunen den Feldzugsberichten Caesars entnahm, wie nahe das abgelegene Gallien den gewohnten mediterranen Verhältnissen stand. In welchem Umfang das galt, hat erst die Archäologie wieder ans Licht gebracht; ihr haben wir aber auch die Einsicht zu verdanken, daß diese enge Berührung in *cultus atque humanitas* (Caesar b. G. I 1,3) – selbstverständlich in Abstufungen – für die gesamte keltische Zone Mitteleuropas, nicht nur für das caesarische Gallien zutraf.

Das wird etwas klarer, wenn man sich die erwähnten Abstufungen etwas genauer ansieht. In der nördlich des Mains gelegenen Mittelgebirgszone, die nicht in vollem Umfang als keltisch, vielmehr zum Teil besser als ein keltisch-germanisches Kontaktgebiet bezeichnet werden kann, gibt es eine nach Lage und Befestigungstypus anders geartete

Abb. 8, 2 Gergovia mit den Belagerungskastellen Caesars.

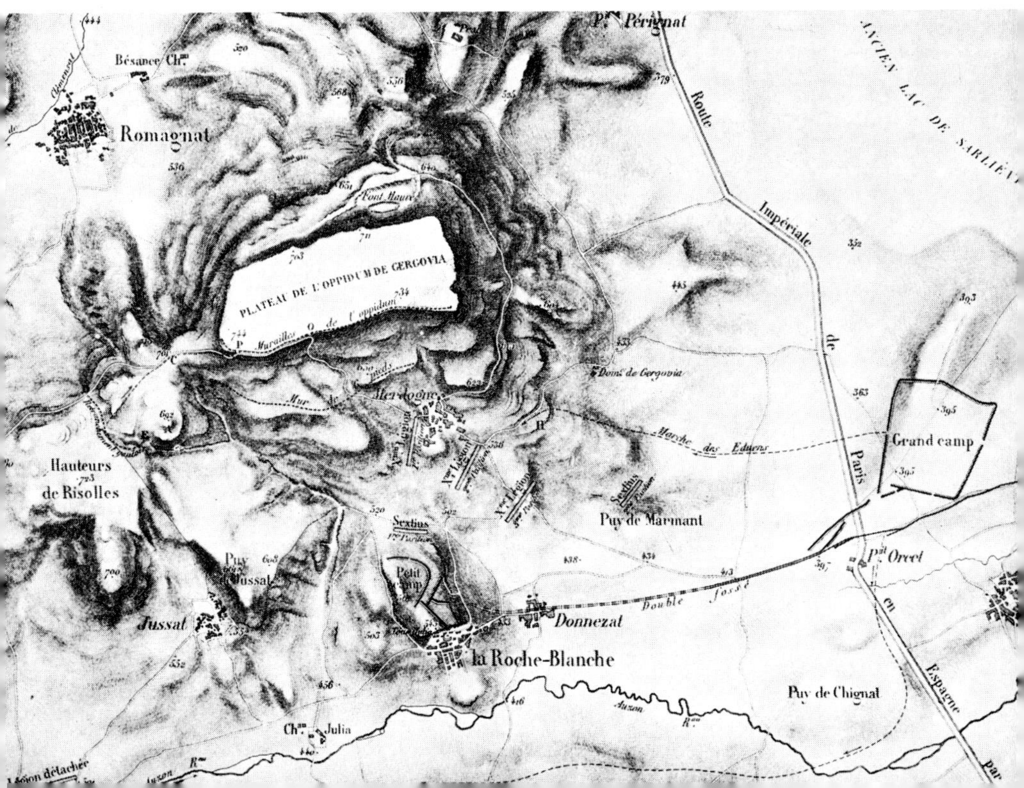

Gruppe von Anlagen, die sich jedenfalls von den keltischen Oppida Süddeutschlands und Galliens unterscheidet; dabei sei besonders an den Dünsberg bei Gießen, die Milseburg in der Rhön und an den Kleinen Gleichberg bei Römhild erinnert. Diese Anlagen sind durchweg erheblich kleiner als die süddeutschen und gallischen Oppida, ihre Befestigung zeichnet sich durch ein System von Ringmauern um einen Bergstock aus, dessen Gipfelplateau wenn nicht gerade den Kern, so doch eine Art von innerstem Refugium des Ganzen gebildet zu haben scheint. Die Art, wie bei diesen Anlagen Siedlung und Befestigungen Bezug auf das Gelände nehmen, legt es nahe, die in Mitteleuropa seit alters bekannte Höhensiedlung in natürlicher Schutzlage als Ausgangs- und Anknüpfungspunkt zu sehen. Und hier wird nun auch der Unterschied zu den keltischen Oppida Süddeutschlands und Galliens offenkundig: Während diese mittels großzügig geführter, dabei die Geländegestalt raffiniert ausnützender Fortifikationslinien geradezu die Lösung aus allzu großer Abhängigkeit von der natürlichen Schutzlage anstreben, halten Anlagen wie der Dünsberg, die Milseburg und der Kleine Gleichberg eben an dieser Abhängigkeit fast ängstlich fest, müssen sie aber mit aufwendigen Ringmauern erweitern, um auch die vielfach am Hang angesiedelten Handwerker in ihren Schutz miteinbeziehen zu können. Die Innehaltung langer, gerader Befestigungslinien, die Konstruktion symmetrischer Abwinkelungen und der Zangentore, kurz alles, was Bittel einmal mit Recht als »Äußerungen überlegter architectura« bezeichnet hat, all das kennzeichnet die keltischen Oppida Süddeutschlands ebenso wie die Galliens, fehlt aber den befestigten Siedlungen im nordmainischen Mittelgebirge so gut wie vollständig.

Diese Unterschiede haben indessen sicher sehr wenig, wahrscheinlich gar nichts mit der Volkszugehörigkeit ihrer Bauherrn zu tun. Die sicher von Kelten errichteten Oppida in Böhmen, Mähren und in der Slowakei gleichen bei weitem den erwähnten Anlagen der deutschen Mittelgebirgszone mehr als den gallischen und süddeutschen Oppida. Überhaupt wird man sich vergegenwärtigen müssen, daß der gesamte Bereich, der solche Befestigungsanlagen kennt, zur keltischen Zone Mitteleuropas oder ihrem unmittelbaren Einflußbereich gehört; offenbar

Abb. 9 Keltische Oppida und mittelalterliche Städte Deutschlands im Größenvergleich. Maßstab 1:100 000.

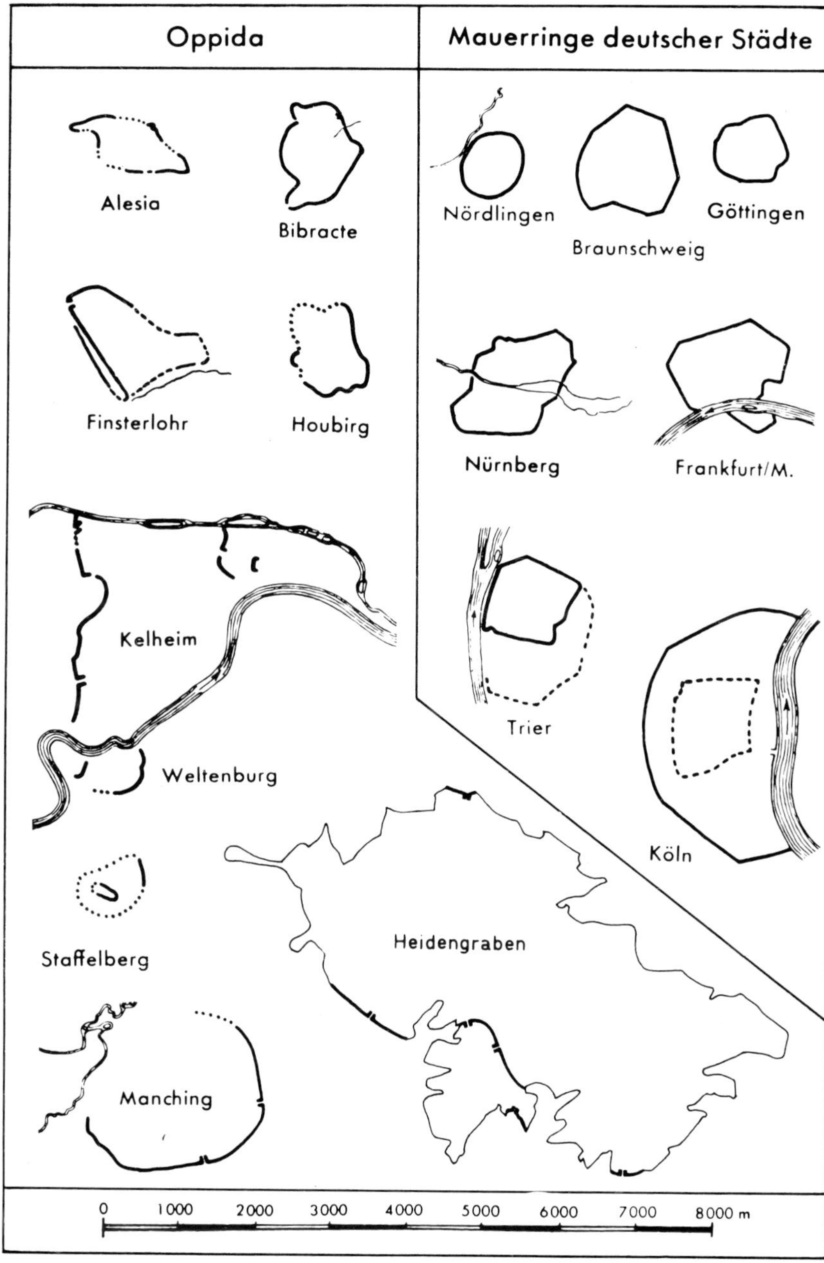
Oppida
Mauerringe deutscher Städte
Alesia
Bibracte
Nördlingen
Braunschweig
Göttingen
Finsterlohr
Houbirg
Nürnberg
Frankfurt/M.
Kelheim
Trier
Weltenburg
Köln
Staffelberg
Heidengraben
Manching
0
1000
2000
3000
4000
5000
6000
7000
8000 m

läßt sich das Keltentum der Oppidum-Zeit auch als eine Einheit der wirtschaftlichen Struktur begreifen, die in vieler Beziehung an die mediterrane Zone angenähert erscheint, sich aber trotz vielfacher Abstufung in dieser Annäherung unmißverständlich vom germanischen Norden abgrenzt. Die Volkstumsgrenze also, die scharf zu ziehen man sich ohnedies scheuen wird, verläuft ganz sicher nicht zwischen den keltischen Oppida Süddeutschlands sowie Galliens und den geschilderten Anlagen der nordmainischen Mittelgebirgszone. Dieser Unterschied ist vielmehr nichts anderes als eine Kulturgrenze, die sich übrigens noch viel weiter zurückverfolgen läßt und sehr komplexe Hintergründe zu haben scheint; dabei dürften verkehrsgeographische Bedingungen keine geringe Rolle spielen. Südlich dieser Grenze liegen jene süddeutschen Oppida, die sich ebenso wie die Galliens an südliche, mediterrane Vorbilder anschließen und damit die Annäherung in *cultus atque humanitas,* um Caesars Formulierung zu wiederholen, an die römische Provinz Gallia Narbonensis bezeugen, von der schon die Rede war.

Wenn wir uns nach diesen Überlegungen nunmehr dem Heidengraben bei Grabenstetten im einzelnen und genauer zuwenden, so müssen wir zunächst hervorheben, daß dieses Oppidum im Gegensatz zu vielen anderen Anlagen der gleichen Art aus zwei Teilen besteht, nämlich dem Oppidum im engeren Sinne, wie es schon Hertlein verstanden hatte – der Elsachstadt –, und einem äußeren Befestigungsring. Diese Mehrgliedrigkeit ist jedoch nicht ganz so ungewöhnlich, wenn man sich an jene Oppida erinnert, die auf Bergmassiven angelegt wurden; freilich waren dort aus leicht einzusehenden topographischen Gründen so einfache Lösungen wie beim Heidengraben kaum je möglich. Die Ursachen für die mehrgliedrige Anlage beim Heidengraben können wir im Augenblick nur aus verschiedenen Indizien vermuten, eine genauere Kenntnis der Siedlung würde sie voraussichtlich weit besser verstehen lehren. Auszugehen ist von dem offen zutage liegenden Befund, daß die äußeren Befestigungen die Zugänge vom Albplateau her und aus den Tälern so weit abriegeln, als es sich um bequeme und darum viel begangene Wege handelte; die Befestigung der Elsachstadt wird dem unmittelbaren Schutz der Siedlung selbst gegolten haben. Der Grund für diese besondere Befestigung der Siedlung liegt doch wohl in den riesigen Dimensionen der äußeren Befestigungen, die durch die von der Natur gegebenen Verhältnisse bedingt waren und die das Bedürfnis verständlich erscheinen lassen, die Siedlung selbst mit einer zweiten, noch eben zu übersehenden Mauer zu umgeben.

Die daraus ersichtliche Anpassungsfähigkeit an die natürlichen Bedingungen läßt sich noch an mehreren anderen Beobachtungen erhärten. Nur eine sei schon jetzt erwähnt. Die große Befestigung der Elsachstadt ist mit *zwei* Gräben versehen. Das ist, wie Finsterlohr lehrt, zwar nicht ganz einzigartig, aber doch ungewöhnlich für ein keltisches Oppidum, denn im allgemeinen pflegte man damals einen einzigen, aber recht breiten und tiefen Graben vor der Mauer anzulegen. Betrachtet man daraufhin die beiden Gräben vor der Befestigung der Elsachstadt (Abb. 36), so fällt sogleich auf, daß sie außerordentlich seicht sind. Der Grund ist leicht einzusehen: in geringer Tiefe stand der felsige Untergrund an. Zwar benötigte man für die Frontmauer durchaus Steine, aber wiederum nicht so viele, wie ein Graben der sonst üblichen Ausmaße erbracht hätte. Andererseits wäre aber das Ausheben eines einzigen breiten und tiefen Grabens sehr mühsam und zeitraubend gewesen. Mit den beiden verhältnismäßig schmalen und seichten Gräben hat man statt dessen sowohl ein ausreichendes Annäherungshindernis als auch das benötigte Steinmaterial gewinnen können.

Eine andersartige Anpassung an die natürlichen Bedingungen werden wir bei der Behandlung der Befestigung des Westrandes der Elsachstadt kennenlernen. Hier müssen wir uns allgemein vor Augen führen, daß die Erbauer des Oppidums Heidengraben so wenig wie diejenigen anderer Oppida daran dachten, eine konsequente Rundum-Befestigung anzulegen, wenn dies nicht – wie etwa bei dem mitten in der Ebene gelegenen Manching – unerläßlich war. Vielmehr betrachteten sie offensichtlich nicht nur jäh abstürzende Felspartien, die praktisch unersteigbar waren, sondern auch steile Hänge als ausreichenden, natürlichen Schutz; auch sumpfige oder schwer begehbare Talgründe hat man offensichtlich als Annäherungshindernisse in die Planung miteinbezogen. Damit korrespondiert andererseits die bewußte und sehr geschickte Benutzung der vom Gelände vorgegebenen Möglichkeiten vorzüglich. Auch diese Gesichtspunkte müssen wir daher bei der Frage im Auge behalten, wo Befestigungen angelegt worden sind und wo nicht – und das gilt, wie wir noch sehen werden, in besonderem Maß für die Westflanke der Elsachstadt.

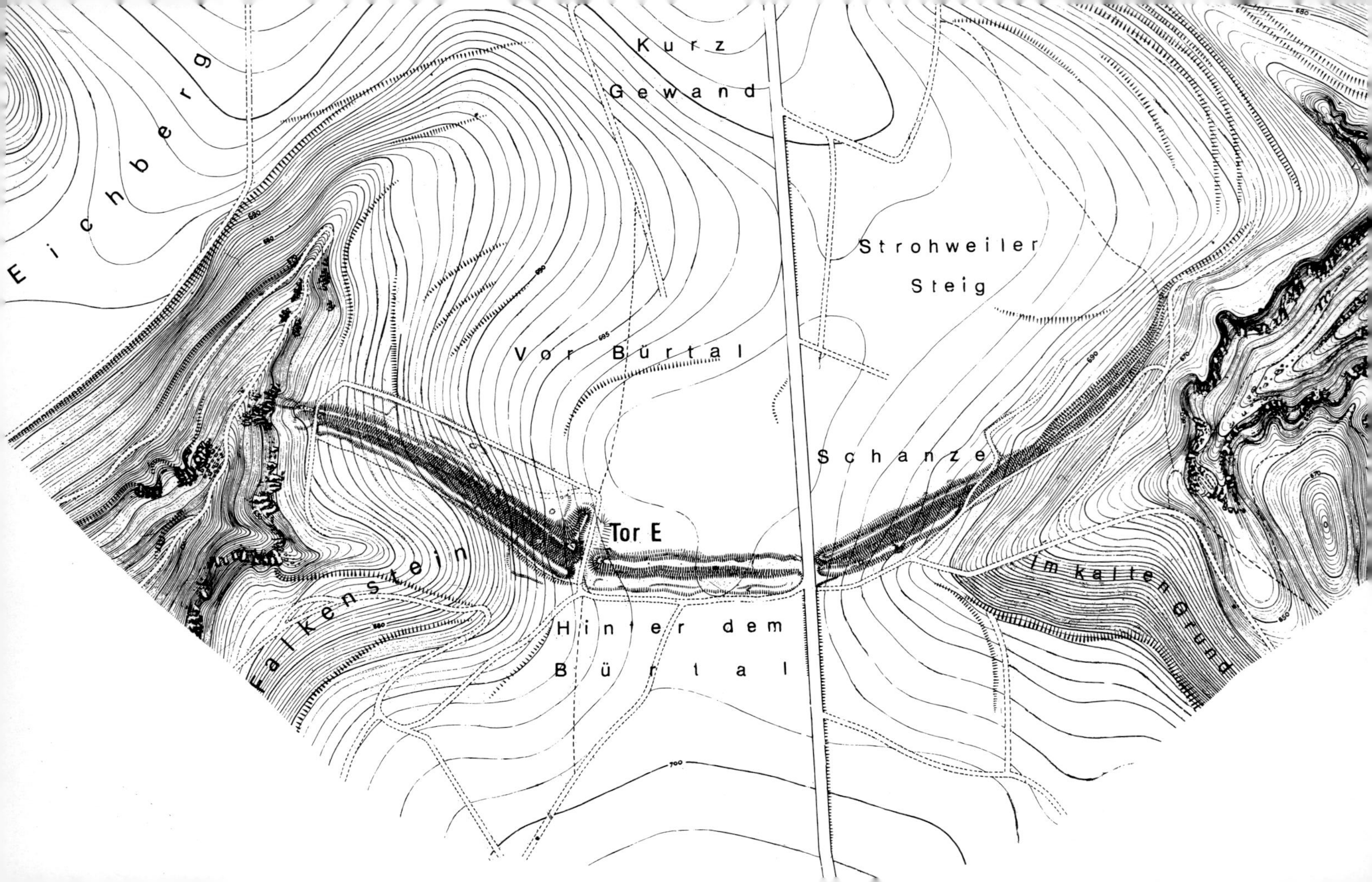
Eichberg
Kurz Gewand
Strohweiler Steig
Vor Bürtal
Schanze
Tor E
Falkenstein
Hinter dem Bürtal
Im kalten Grund
700

DIE WEHRANLAGEN

Bei der hier folgenden Beschreibung werden die *Bezeichnungen* verwendet, die Hertlein eingeführt hat. Das gilt zunächst für die mit A bis G bezeichneten *Tore*. Ein kurzer Blick auf Karten und Pläne dieses Führers zeigt, nach welchem System diese Bezeichnungen angelegt sind: Die Tore A, B und C (das kaum als echtes Tor gelten kann, s. S. 96) befinden sich im Heidengraben der Elsachstadt, von Nordwesten nach Südosten fortschreitend; Tor D, im Heidengraben im »Lauereck«, gehört ebenfalls noch zur Elsachstadt. Tor E ist der Zugang von Süden durch den Heidengraben südlich von Grabenstetten, Tor H der Durchlaß für den »Heerweg« durch die neue, zweite südliche Außenlinie mitten durch Grabenstetten, Tor F der Zugang von der Hülbener Halbinsel her durch den Heidengraben am Burrenhof, und Tor G schließlich im (südlichen) Heidengraben nördlich von Erkenbrechtsweiler vermittelt den Zugang von den Albaufgängen von Beuren und Unterlenningen her im Norden; die Tore E, F, G und H gehören also zur äußeren Befestigungslinie des Oppidums. Den Namen *Elsachstadt* für den von der inneren Befestigung umschlossenen und wahrscheinlich zum Teil besiedelten Raum hat ebenfalls Hertlein eingeführt; er ist, vielleicht nicht ganz glücklich, dem unterhalb der Falkensteiner Höhle entspringenden und bei Urach sich in die Erms ergießenden Flüßchen Elsach entlehnt, das beim Pfälhof auch das kleine Bächlein aufnimmt, das das Kaltental entwässert. Die übrigen Namen sind in den Karten und Plänen unschwer zu finden. Dem Fernerstehenden mag der Hinweis dienlich sein, daß das *Lenninger Tal* (mit der Lauter) östlich des Heidengraben-Areals unterschieden werden muß vom sogenannten *Lenninger Täle*, das beim Tor D im Heidengraben im »Lauereck« ansetzt und, nach Südwesten verlaufend, beim Kaltentalhäusle in das Kaltental mündet (siehe die *Karte im Vorderdeckel* und die *Beilage*).

Abb. 10 Der Heidengraben südlich von Grabenstetten. Maßstab 1:5000.

Abb. 11 Der Heidengraben südlich von Grabenstetten. Blick von Westen auf das Mittelstück. Der Graben ist in neuerer Zeit aufgefüllt worden.

Die äußeren Befestigungslinien

Die äußeren Befestigungslinien schirmten die Zugänge von der Albhochfläche und aus den Tälern zu dem keltischen Oppidum Heidengraben ab; sie umschließen (nach einer vorläufigen Berechnung) eine *Fläche von stark 1662 Hektar.* Zu den äußeren Befestigungslinien zählen der Heidengraben südlich von Grabenstetten, die Linie mitten durch Grabenstetten, der Heidengraben beim Burrenhof, und nördlich von Erkenbrechtsweiler die südliche der beiden ebenfalls »Heidengraben« genannten Wehranlagen. Genau genommen gehören auch der Heidengraben im »Lauereck« und die Befestigungen am Süd- und Westrand der Elsachstadt zur äußeren Befestigungslinie; diese Wehranlagen sind aber zugleich und vor allem viel unmittelbarer auf die Elsachstadt – das Oppidum im engeren Sinne – bezogen, so daß sie besser in deren Zusammenhang beschrieben werden (S. 98 ff.).

Der Heidengraben südlich von Grabenstetten

Rund 1000 m südlich der Ortsmitte von Grabenstetten riegelt ein dreigliedriges, mit seiner Front nach Süden gerichtetes Sperrwerk von insgesamt 635 m Länge den Zugang von der Albhochfläche zum Oppidum Heidengraben ab. Es benützt geschickt die schärfste Einschnürung der Hochfläche: hier nähern sich das Elsachtal von Westen und das Schlattstaller Tal von Osten auf eine Distanz von weniger als 200 m (siehe die Karte im Vorderdeckel und Abb. 10).

Das ungefähr 175 m lange Mittelstück des Sperrwerks verbindet die beiden Talköpfe und stellt damit die eigentliche Abriegelung her; als Durchlaß gehört das ganz an den westlichen Plateaurand herangerückte Tor E dazu (unten S. 52). Der heute fast vollständig zugefüllte, breite Graben (Abb. 11) ist südlich einem Wall vorgelagert, dessen feindseitige – südliche – Front vermutlich eine Mauer birgt; seine innere (nördliche) Front ist verhältnismäßig flach, rampenförmig geböscht, aber durch Ackerbau etwas gestört (Abb. 12; das Profil Abb. 13 ist kurz vor 1900 etwa 130 m östlich der Straße Grabenstetten–Böhringen aufgenommen worden). Am östlichen Ende des Mittelstücks ist vor Jahrzehnten die

Abb. 12 Der Heidengraben südlich von Grabenstetten. Die Wall-Innenfront des Mittelstücks.

Straße von Grabenstetten nach Böhringen und Hengen durchgebrochen worden, und zur Gewinnung von Steinen aus den Trümmern der Frontmauer wurde der Durchbruch noch etwas verbreitert.

Westlich und östlich schließen sich an das Mittelstück jeweils in stumpfem, übrigens annähernd übereinstimmendem Winkel flankierende Befestigungen an, die auf den Nordhängen der beiden Talköpfe aufsitzen. Die westliche, ungefähr 275 m lange Befestigung ist in sanftem Bogen geführt, senkt sich nach Westen zunehmend und mündet auf einen jäh abstürzenden Felsen. Der südlich vorgelagerte Graben ist gut erhalten; er verläuft im Steilhang noch oberhalb des Felsabsturzes. Das östliche, rund 185 m lange Flankierungswerk endet auf dem Steilhang über der »Kleinen Schrecke« dort, wo der steile Hang keiner künstlichen Bewehrung mehr bedarf, wenig östlich eines Wegdurchbruchs. Auch hier ist der südlich vorgelagerte Graben vorzüglich erhalten; er läuft unmittelbar in die Talklinge aus.

Tor E

Das ganz an die westliche Plateaukante herangerückte Tor E (Abb. 14) bildet mit seinen rund 20 m langen, nach innen einbiegenden Wallschenkeln eine klassische »Zange« (siehe dazu S. 66 ff. bei der Beschreibung des Tores F beim Burrenhof). Die Wallschenkel, die die Torgasse flankieren, sind allerdings erheblich niedriger als die am Tor ansetzenden Frontwälle, die östliche Torflanke ist sogar weitgehend eingeebnet; auch darin haben wir die Auswirkungen der erwähnten Schanzarbeiten zu erblicken. Dagegen ist die deutliche Verengung der Tor-

Abb. 13 Schnitt durch den Heidengraben südlich von Grabenstetten.

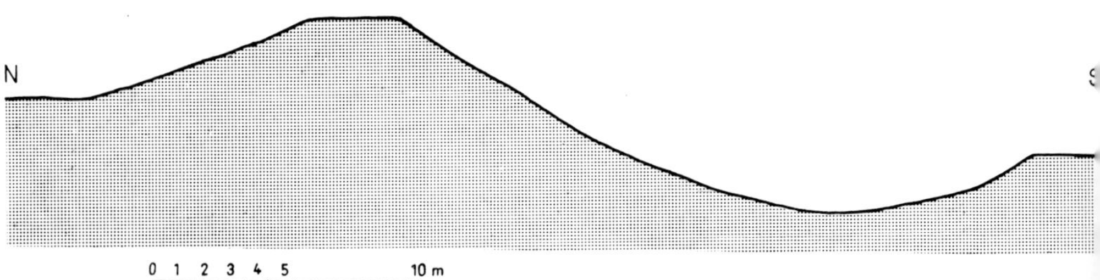

Abb. 14 Tor E.
Maßstab 1:2000.

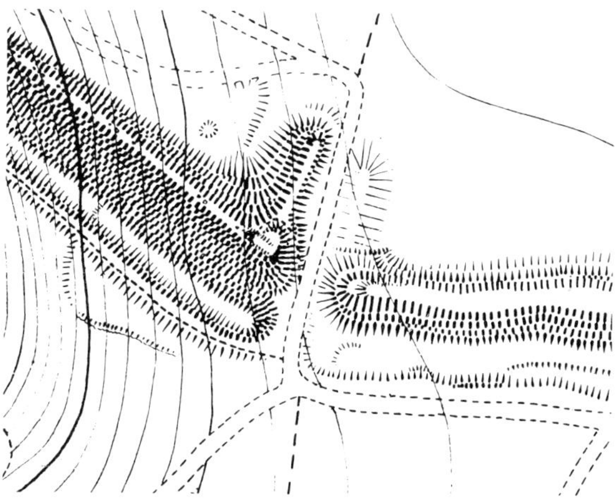

gasse nach innen kaum Zufall: nach dem Befund der Tore von Finsterlohr und Manching (Abb. 21—23, S. 65) lag hier der eigentliche Torverschluß. Ob der heutige Zustand des Grabens vor dem Tor — die Erdbrücke — dem des Oppidum-Tores entspricht oder auf eine spätere Zuschüttung zurückzuführen ist, könnte nur eine sorgfältige Ausgrabung lehren.

Offenkundig ist Tor E auf einen Aufgang aus dem obersten Elsachtal (von der Falkensteiner Höhle herauf), vor allem aber auf einen von Süden kommenden Weg bezogen, der von der Albhochfläche her westlich an Grabenstetten vorbei zu dem wahrscheinlichen, neuen Tor H (S. 54) führte und in das »Heerweg« genannte Sträßchen in Richtung Erkenbrechtsweiler (dazu noch S. 154) mündete, über Abzweigungen nach Westen auch den Zugang zur Oppidum-Siedlung in der Elsach-Stadt (S. 77 ff.) vermittelte. Bis zum Bau der Straße von Grabenstetten nach Böhringen und Hengen, die 1479 zuerst erwähnt wird, war dieser Weg der einzige Zugang von der Albhochfläche zur gesamten Grabenstettener Halbinsel.

Entsprechend der wehrtechnischen Bedeutung für das gesamte Oppidum ist die Befestigung südlich von Grabenstetten mit sichtlicher Sorgfalt geplant und erbaut worden. Auch wenn die Schanzarbeiten des 17. und frühen 18. Jahrhunderts manches verändert haben, so konnten sie doch die Form der dreiteiligen Anlage nicht verwischen, im Gegenteil: sie haben sie nur verstärkt. In diesem Plan mit dem schnurgeraden Mittelstück und den beiden leicht abknickenden Flanken bei gleichzeitig souveräner Einpassung in das Gelände darf man, wie Bittel mit Recht bemerkt hat, die an mediterranen Vorbildern geschulte Hand erkennen.

Der Heidengraben mitten durch Grabenstetten

In der Flur »Ob der Uracher Steig« westlich Grabenstetten sitzt nördlich über der Straße ein heute noch 40 m langer und bis 1,5 m hoher Wallrest (Abb. 15). Beim Bau der Häuser an dieser Straße wurden 1947 Reste einer Pfostenschlitzfront beobachtet. Der Entdecker, der schon genannte Heinrich Schäfer, hat überdies aus alten Lagerbüchern und aufgrund von Beobachtungen im Gelände den Zusammenhang mit einer bisher unbekannten äußeren Befestigungslinie des Oppidums nachweisen können (siehe die Karte im Rückendeckel). Am oberen Ende der Uracher Steige bog diese Befestigung nach Südosten um, die in den Ort führende Straße verläuft auf dem Wall. An der Knickstelle, zum Teil unter der 1926 erbauten Mühle im Straßenzwickel, gibt es Anzeichen für ein Zangentor (H), das dem von Tor E kommenden, nach Erkenbrechtsweiler führenden »Heerweg« Durchlaß gewährte. Im Ort verläßt die Straße mit deutlicher Biegung nach Osten den Wall, der, südlich der Häuser im Wiesengelände klar sichtbar, auf Höhe des neuen Rathauses die Böhringer Straße erreicht; dort scheint er die alte, längst verschwundene Hüle südlich und damit außerhalb liegengelassen zu haben. Weiter nach Osten ist die alte Befestigung verschwunden, man darf sie aber auf dem nördlichen Hang der zur Hofener Schlucht führenden Abflußrinne der Hüle annehmen; dort, auf der Nordkante der Schlucht jenseits der Kläranlage, ist denn auch noch ein Rest des Flankenwalls erhalten. Die weiträumigen Verschleifungen dieser einst wenigstens 1500 m langen Befestigung erklären sich mit den Bedürfnissen der Dorfbewohner während langer Jahrhunderte von selbst. Der Ortsname Grabenstetten jedoch wird nun unmittelbar verständlich.

Abb. 15 Wallrest westlich von Grabenstetten, von Nordwesten. Beim Bau des links sichtbaren Hauses wurde 1947 eine Pfostenschlitzfront beobachtet.

Die naheliegende Frage nach dem Altersverhältnis zwischen dieser Linie und dem Heidengraben südlich Grabenstetten kann der zutage liegende Befund nicht beantworten. Das Zangentor E und die (auch mit Fotografien belegte) Pfostenschlitzfront westlich Grabenstetten bezeugen jedenfalls eindeutig, daß beide Fortifikationen zum Oppidum gehörten – ungeachtet späterer, vielleicht mehrfacher Wiederbenutzung. Gewiß wäre denkbar, daß die Linie mitten durch Grabenstetten die ursprüngliche war, aber wegen ihrer Ausdehnung als ergänzungsbedürftig empfunden und mit dem Heidengraben südlich Grabenstetten verstärkt wurde; aber solche Überlegungen reichen nicht aus, die Frage zu entscheiden.

Der Heidengraben beim Burrenhof

Wie Peter Goessler nachgewiesen hat, wird im Uracher Lagerbuch von 1454 auf Blatt 72 ein Zins zu Hülben »uß der Spätenmad, liget an dem Haidengraben zu Nyffen« erwähnt (S. 22). Die lokalen Anhaltspunkte lassen darauf schließen, daß hier der Heidengraben beim Burrenhof gemeint ist. Mit seinem heutigen Namen »beim Burrenhof« konnte er damals freilich noch nicht genannt werden: der Burrenhof ist nämlich erst im Jahre 1838 errichtet worden; sein Name bezieht sich auf die zahlreichen hallstattzeitlichen Grabhügel (Burren = Hügel) in der nächsten Nachbarschaft (dazu unten S. 105 ff.).

Der Heidengraben beim Burrenhof (Abb. 16) verbindet in fast geradliniger Führung auf einer Länge von 1025 m den nordwestlichen Kopf des Kaltentals mit dem Neuffener Tal. Er zieht von Südosten nach Nordwesten; wie der Graben zeigt, weist seine Front nach Südwesten. Damit schließt dieses Befestigungswerk die große, an den Rändern stark zertalte Hülbener Halbinsel aus dem Bereich des Heidengraben-Oppidums aus. Den einzigen Durchlaß durch diese Befestigung bildete das Tor F, das bei weitem am besten erhaltene Tor des gesamten Oppidums und zugleich eines der größten Oppidum-Tore, die wir kennen (dazu genauer noch unten S. 63 ff.).

Der *südöstliche Teil* der Befestigung (südöstlich von Tor F) ist, weil weitgehend im Wald befindlich, verhältnismäßig gut erhalten, aus dem gleichen Grund aber etwas mühsam zu begehen und nicht leicht zu erfassen. Gerade hier ist jedoch ein interessantes Beispiel dafür gegeben, mit welcher Sorgfalt die Erbauer des Heidengrabens die naturgegebenen Formen des Geländes ausgenutzt haben, um den Verteidigern die bestmögliche Position gegenüber den Angreifern zu sichern. Deshalb sei dem im Gelände schon etwas bewanderten Besucher diese Partie besonders zur Besichtigung empfohlen; wer in Zeitnot ist, wird sich zweckmäßigerweise auf einen Besuch des Tores F beschränken.

Abb. 16 Die Elsachstadt von Südosten. Im Hintergrund links über dem obersten Kaltental der Heidengraben beim Burrenhof. Rechts der Hohenneuffen.

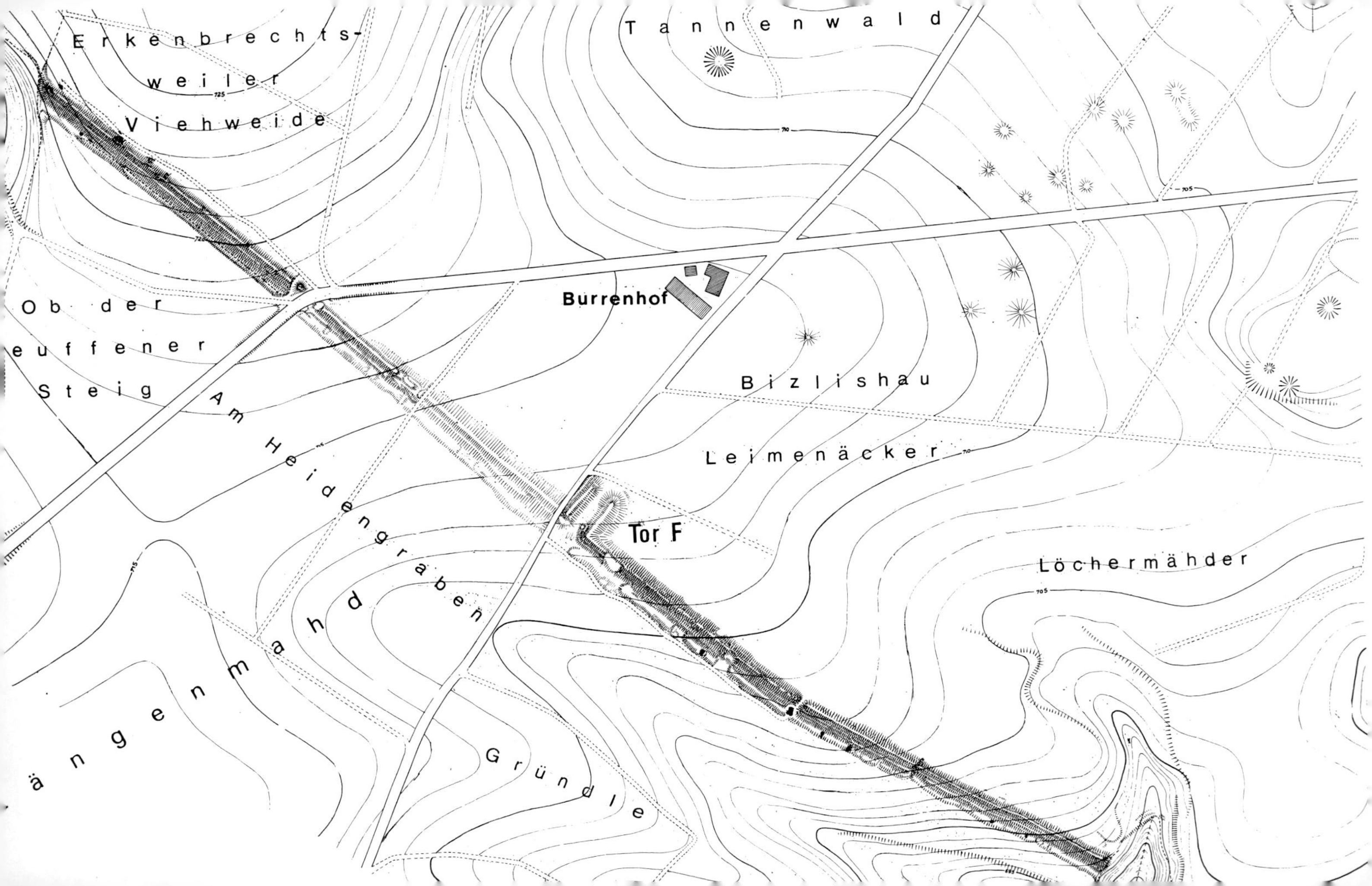
Erkenbrechts-
weiler
Viehweide
Tannenwald
Burrenhof
Ob der
euffener
Steig
Am Heidengraben
Bizlishau
Leimenäcker
Tor F
Löchermähder
ängenmahd
Gründle
725
710
705
715

Das Südost-Ende des Heidengrabens beim Burrenhof (zu allem folgenden hier Abb. 17) liegt an der Flanke des nördlichen Kopfes einer mehrfach gegabelten und tief eingerissenen Klinge, die sich nach Südosten unterhalb der felsigen Südfront der Flur »Roterstein« fortsetzt und in das Kaltental mündet. Ganz oben, nahe dem Plateaurand ist dieser Klingenkopf durch einen Weg geringfügig verändert, war aber hier offensichtlich nicht durch irgendwelche besondere Vorkehrungen gesperrt.

Der Heidengraben-Wall setzt hier am Nordwesthang des erwähnten Klingenkopfs stark abgeflacht ein – vermutlich infolge einer Rutschung, deren Spuren man etwas unterhalb am Hang noch wahrnehmen kann. Der südwestlich vorgelagerte Graben beißt kräftig in den Hang aus; er ist hier vielfach fast als Spitzgraben ausgebildet, an nicht wenigen Punkten aber auch stark verfüllt. Etwa 160 m vom südöstlichen Ende entfernt sind Wall und Graben durch einen kleinen Fußpfad geringfügig, nach weiteren 100 m durch einen größeren Wegdurchbruch empfindlicher gestört, der auch mit einer sekundären Grabenbrücke verbunden ist. Hier knickt die Befestigung ein wenig – im Gelände kaum wahrnehmbar – nach Norden ab; von hier aus verläuft sie bis zu ihrem nordwestlichen Ende schnurgerade, nur durch das Tor F unterbrochen.

Dieser Knick ist, wie ein Blick auf den Plan (Abb. 17) zeigt, durch einen der Befestigung südwestlich vorgelagerten, zweiten Kopf des gleichen Tales bedingt. Dieser nordwestliche Klingenkopf mit Ausläufern bis in die Region südwestlich von Tor F verläuft nicht ganz geradlinig; seine unteren (südöstlichen) Teile, die überaus tief eingerissen sind, erzwingen den Knick der Befestigung. Dadurch aber wird dieser Klingenkopf als zweiter, weiter vorgelagerter »Graben« geradezu in die Befestigung einbezogen.

Etwa 25 m südöstlich von Tor F ist die Front des Heidengraben-Walls durch eine Ausbruchgrube zerstört. Hier haben vor langen Jahren Steinsucher die steinerne Frontmauer als bequem erreichbares Steinlager ausgebeutet. Dicht hinter der Abbruchstelle steht heute ein gewaltiger Betonmast der Überlandleitung – gewiß eine technische Unumgänglichkeit, aber gewiß keine Zierde der Landschaft und schon gar nicht des Heidengrabens!

Abb. 17 Der Heidengraben beim Burrenhof. Maßstab 1:5000.

Unmittelbar südöstlich der Straße vom Burrenhof nach Hülben liegt das einzige Tor des Heidengrabens beim Burrenhof, Tor F; wir kommen darauf später zurück (S. 63) und betrachten zunächst die Befestigung bis zu ihrem nordwestlichen Ende.

Folgt man dem Heidengraben von der genannten Straße Burrenhof–Hülben nach Nordwesten, so wird man zunächst einige Mühe haben, die Befestigung überhaupt zu sehen: auf ungefähr 150 m Länge ist sie hier bis auf unwesentliche Reste abgetragen, der Graben vollständig zugefüllt. Die Abtragung ist jüngeren Datums. Im Jahre 1890 hat sich der Vorsitzende des Schwäbischen Albvereins, Camerer, in einem bitterbösen Brief an den Landeskonservator, Finanzrat E. Paulus, über den Täter beschwert und damit eine Aufmerksamkeit auch im Schwäbischen Albverein erregt, die zu Verhandlungen mit Grundstückseigentümern und rechtlichen Schritten seitens des Albvereins führte und auf diese Weise die weitere Beseitigung der Befestigung verhinderte. (Wir wollen uns dabei nicht kopfschüttelnd verwundern: auch in neuerer Zeit gibt es Beispiele genug für die Mißachtung dieses großartigen Geländedenkmals, glücklicherweise aber auch für aufmerksame Beobachter und aktive Reaktionen, die der Zerstörung Einhalt gebieten!). Der Graben freilich scheint hier allenthalben nur sehr seicht ausgearbeitet worden zu sein. Im Frühjahr 1960 durchschnitt etwa 10 m nordwestlich der Straße Burrenhof–Hülben ein Leitungsgraben der Albwasserversorgung den Heidengraben. Die Frontmauer konnte nicht mehr sicher, deutlich dagegen noch Reste des Walls festgestellt werden. Der Graben erwies sich bei 6 m Breite als nur 1,2 m tief und sehr unregelmäßig ausgearbeitet, weil in 0,6 m Tiefe schon der gewachsene Felsen (Weißjura Epsilon) ansteht. Offensichtlich ist also der zur Befestigung angelegte Graben in erster Linie als Materialgraben anzusprechen, den man nicht mehr sorgfältig abgeglichen hat.

Ungefähr 130 m nordwestlich der Straße Burrenhof-Hülben quert ein schmaler Feldweg den Heidengraben. Jenseits – nach Nordwesten – wird der Wall, aber auch der Graben klar sichtbar. Erst der Durch-

Abb. 18 Der Heidengraben beim Burrenhof im Winter 1959/60. Links in der Mitte der Burrenhof, rechts oben die Straße nach Hülben, daneben Graben der Albwasserversorgung. In der linken Bildmitte das verebnete Stück des Heidengrabens, links neben der Straße nach Hülben Tor F.

bruch der Straße vom Burrenhof nach Hülben und Neuffen bewirkte wieder größere Störungen. Eine Neutrassierung dieser Straße gab 1974 Anlaß zu einer Untersuchung durch Hartmann *Reim* vom Landesdenkmalamt Tübingen. Beobachtet wurde eine schlecht erhaltene Pfostenschlitzfront (siehe **S. 84 ff.), stark** 3 m dahinter eine zweite Pfostenreihe, wahrscheinlich Widerlager für hölzerne Queranker zur Absicherung der Front. Der Graben war vor einer 6 m breiten Berme nur seicht in den anstehenden Kalk gebrochen.

Das stark 250 m lange Teilstück zwischen dem Durchbruch der Straße von Grabenstetten (bzw. dem Burrenhof) nach Neuffen einerseits und dem nordwestlichen Ende der Befestigung am Albtrauf andererseits ist heute von lichtem Laubwald bestanden und – gemessen an den anderen Teilstücken – ausgezeichnet erhalten. Der Graben ist als wenig zugeschwemmter Spitzgraben kenntlich, die Front des Walls sehr gleichmäßig, wie geböscht, gestaltet. Die Wallkrone ist etwa 0,6–0,8 m breit, vielfach sehr steinig; die Rückfront des Walls erscheint sehr viel flacher als die Vorderfront, wahrscheinlich war sie rampenförmig angelegt.

Am nordwestlichen Ende ist die Befestigung, die einst unmittelbar bis zu der hier sehr steilen Hangkante über dem Neuffener Tal führte, durch zwei Wege unterschiedlichen Alters gestört. Diesen Störungen ist die Zufüllung des Grabens zuzuschreiben, der einst in den Hang ausgebissen haben muß. Der Wall endet heute etwa 10 bis 15 m vor der Hangkante mit einem mächtigen Kopf, der die Sohle des Grabens um ungefähr 4 m überragt. Unmittelbar nordwestlich ist der Durchbruch eines alten Weges kenntlich, der von Hülben kommend zum Hohenneuffen führte, dabei aber nach Norden hin die verschiedenen westlichen Ausbuchtungen des Plateaus abschnitt. Ein neuerer Fußweg, der ganz dem Trauf folgt, dürfte weiter nordwestlich noch einmal ein kleines Stück des Walls abgetragen haben, der als kleiner Rest zwischen den Wegen sichtbar bleibt.

Der Grund, die gesamte Hülbener Halbinsel durch den Heidengraben beim Burrenhof aus dem Oppidum auszuschließen, ist wahrscheinlich darin zu suchen, daß diese stark zertalte Hochfläche sonst nur mit unverhältnismäßig großem Aufwand hätte gesichert werden können. Die verschiedenen Teilhalbinseln, die sich zwischen das Neuffener Tal, das von Dettingen kommende Wachtertal, das von Urach kommende Mauchental und das Kaltental im Osten schieben, sind auch außerordentlich

Abb. 19 Tor F. Maßstab 1:2000.

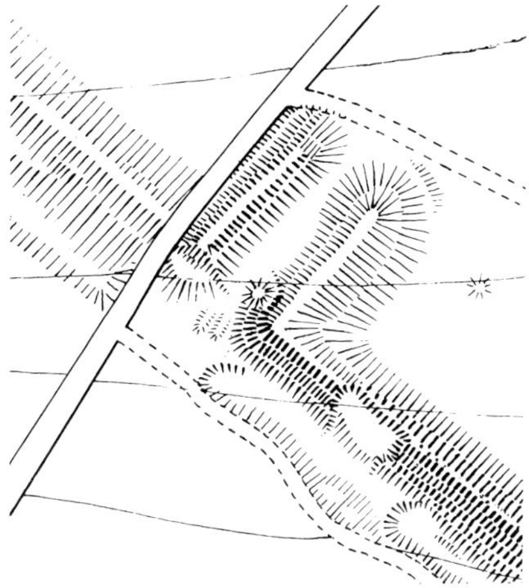

weitläufig und unübersichtlich. Gleichwohl ist der Heidengraben beim Burrenhof mit seinen über 1000 m Länge ein kühnes und riesiges Befestigungswerk, dessen Planung und Ausführung erhebliche organisatorische Probleme gestellt haben muß. Erst bei genauer Betrachtung des Geländes selbst wird man übrigens gewahr, daß bei der Planung auch geringfügige Mulden und Erhebungen wohl erwogen worden sind, um den Verteidigern die günstigste Position zu verschaffen; möglicherweise ist auch eine kaum wahrnehmbare Stufe im Gelände für die Anlage der Befestigung ausgenützt worden. Von den beiden flankierenden Tälern ist das Neuffener Tal vermutlich als Aufweg aus dem Tal einbezogen worden; beim Kaltental gibt es erhebliche Zweifel (siehe unten S. 78). Das Tor F vermittelte die Verbindung zwischen der Hülbener Halbinsel und dem befestigten Innenraum, zwang aber zugleich die Benutzer von Albaufgängen in diesem Gebiet auf einen kontrollierten Eingang hin.

Tor F

Das unmittelbar südöstlich neben der Straße vom Burrenhof nach Hülben gelegene Tor F gehört trotz seiner Verschleifung zu den eindrucksvollsten latènezeitlichen »Zangentoren«. Einige Teile dieses Tores hat Hertlein 1906 freigelegt, leider ohne eine genaue Aufmessung

Abb. 20 Tor F. Grabung Hertlein 1906. 1 Ostflanke der Torgasse. 2 Pfostenschlitz in der Ostflanke der Torgasse.

zu hinterlassen. Der hier abgebildete Plan (Abb. 19) gibt nur den Oberflächenbefund der Ruine wieder, der nicht allseitig befriedigende Auskunft zu geben vermag; in manchen Einzelheiten müssen und dürfen wir uns aber an die Skizze halten, die Hertlein von Tor A der Elsachstadt publiziert hat (siehe S. 80).

Klar sind die beiden langen, nach Nordosten einschwenkenden Wallschenkel zu erkennen, die eine rechtwinklig zum Heidengraben stehende, etwa 35 m lange Torgasse bilden. Hertlein hat in beiden Wallschenkeln trocken aufgesetzte Steinmauern mit Pfostenschlitzen gefunden (Abb. 20); die Pfostenschlitze waren durchschnittlich 38 cm breit und standen in durchschnittlichen Abständen von 1,37 m (ein Pfostenschlitz in der westlichen Flanke enthielt einst einen 0,95 m »unter dem Boden« eingetieften Pfosten, ein Pfostenloch in der Ostflanke erwies sich also 0,64 m eingetieft). Ob die Mauerecken an der Torfront abgerundet waren, konnte nicht festgestellt werden. Dagegen hat Hertlein beobachtet, daß die Wangenmauern der Torgasse etwa 27 m von der Front

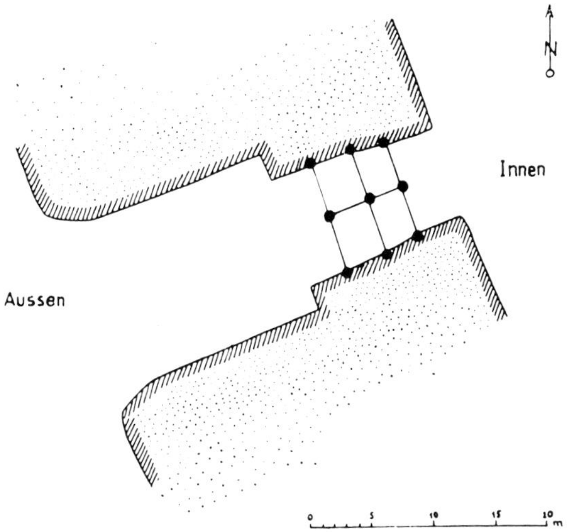

Abb. 21 Das Tor des Oppidums von Finsterlohr.

Abb. 22 Finsterlohr. Innenansicht des Oppidum-Tores, Rekonstruktion.

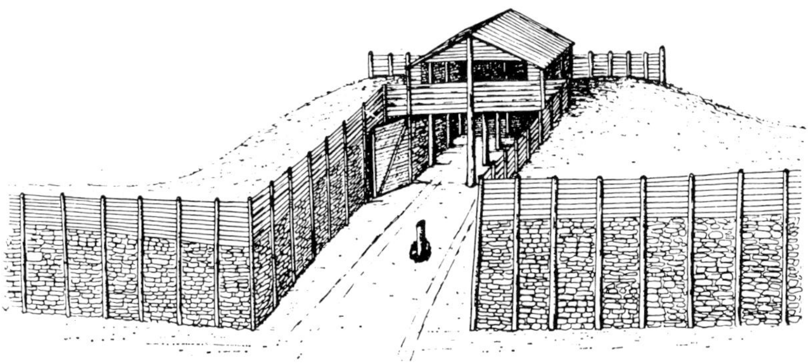

Abb. 23 Manching. Außenansicht des Osttores, Rekonstruktion.

des Tores entfernt jeweils mit einem Pfosten enden (die Mauer der östlichen Torflanke war etwas länger als die der westlichen). Daraus hat Hertlein geschlossen, daß die Flanken im innersten Teil der Torgasse ausschließlich mit Holz versteift waren (einfache Erdwälle schienen ihm nicht annehmbar), und daß daraus auch die stärkere Verschleifung in diesem Bereich resultiere. Zugleich hat er jedoch versucht, die Breite der Torgasse auch in diesem innersten Teil zu bestimmen: Nachdem er nahe der Heidengrabenfront eine Breite von 15,60 m, am inneren Ende der steinernen Flankenmauern noch eine solche von 14,05 m ermittelt hatte, glaubte er, weiter nach innen zu müsse die Torgasse immer noch mindestens 13 m breit gewesen sein. Angesichts dieser Dimension hielt er Torverschlüsse im eigentlichen Sinne nicht für wahrscheinlich. Nun haben aber die Ausgrabungen im Tor des Oppidums bei Finsterlohr (Abb. 21–22) und diejenigen im Osttor des Oppidums bei Manching nahe Ingolstadt (Abb. 23) übereinstimmend nahe oder ganz am inneren Ende der Torgasse einen ausschließlich aus Holz errichteten Torbau mit zwei nebeneinanderliegenden Durchgängen und zwei Verschlüssen – »Toren« im Wortsinn – ergeben. Hatte auch unser Tor F an entsprechender Stelle einen solchen Torbau? Hertlein ist dieser Frage nicht nachgegangen, sie bleibt daher offen – aber, wie wir glauben, ein solcher Torbau muß als wahrscheinlich gelten. Da unser Tor F das größte Oppidum-Tor weit und breit ist, wäre seine Untersuchung von besonderem Interesse: Die Verschlüsse der in Finsterlohr und Manching ausgegrabenen Torkammern konnten sowohl gegen außen als auch gegen das Innere des Oppidums versperrt und verteidigt werden, auch wenn ein Gegner schon mit Teilen seiner Truppe ins Innere eingedrungen war. Das Prinzip solcher Toranlagen ist schon aus dem Orient des 13. Jahrhunderts v. Chr. bekannt, und zwar aus Hattuša, der Hauptstadt des Hethitischen Großreiches bei Bogazköy in Kleinasien, dort aber verbunden mit einem Aufbau über der Torkammer, der zugleich die Stadtmauer überragte und auch gegen sie verteidigt werden konnte. Die Pfostenreste unserer hölzernen Oppidum-Torkammern lassen nicht erkennen, ob auch diese kastellartig überhöht waren; hier ist bestenfalls von einer umfassenden Untersuchung, wie sie in Manching vorbildlich durchgeführt wurde, weiterer Aufschluß zu erhoffen.

Wir haben das Tor F ein *Zangentor* genannt: ein Tor, bei dem die beiden Enden der Mauer, die es durchbricht, in das Innere des befestigten Raumes umbiegen und eine Torgasse bilden (dabei können im Detail unterschiedliche Ausführungen vorkommen). So einfach indessen das Prinzip dieser Konstruktion ist, so wenig ist es zeitlos, vielmehr ist es an ganz bestimmte Perioden der Geschichte und an bestimmte Räume gebunden. Dehn hat vor Jahren gezeigt, daß Zangentore dieser Art für die späthellenistischen Stadtmauern besonders Italiens charakteristisch sind; als besonders bekannte Beispiele hat er hierfür die Stadttore von Pompeji herangezogen. Die Erfindung dieser Konstruktion geht vermutlich auf die Absicht zurück, einen auf das Tor drängenden Angreifer unmittelbar vor dem äußeren Torverschluß nicht nur frontal, sondern auch von beiden Flanken her bekämpfen zu können, indem man den Verschluß innerhalb der langen Torgasse verhältnismäßig weit zurückzog, gegebenenfalls auch die Torgasse nach innen über den inneren Verschluß hinaus verlängerte. Diese zangenförmige Konstruktion ist in Mitteleuropa, wie Bittel schon 1930 anläßlich seiner Untersuchung am Tor von Finsterlohr bemerkt hat, nicht älter als die großen Befestigungsanlagen der keltischen Oppida; der Heidengraben bei Grabenstetten und das Oppidum bei Manching, die beide mehrere Tore haben, kennen überhaupt nur Zangentore. Es liegt daher nahe, ihr Erscheinen bei uns als eine unter mehreren südlichen, mediterranen, aus der hellenistischen Bau- und Befestigungskunst stammenden Anregungen zu verstehen, auch wenn vorläufig das genauere »Wie« dieser Anregung nicht hinreichend klar erscheint. Sicher ist lediglich, daß die Kelten Mitteleuropas aus dem Süden das Prinzip dieser Torkonstruktion übernommen, in der Bauweise sich dagegen ihrer einheimischen Werktraditionen bedient haben, indem sie diese Zangentore eben nicht, wie in Italien, aus sauber zubehauenen Quadersteinen, sondern in der ihnen gewohnten und mit Meisterschaft gehandhabten Holz-Erde-Bauweise mit Bruchsteinmauer-Verblendung ausgeführt haben.

Am Heidengraben ist außer dem beschriebenen Tor F noch ein zweites Tor wenigstens zum Teil untersucht worden, nämlich Tor A (siehe S. 80), das nördlichste Tor der Elsachstadt; hier sind aber die inneren Teile der Torgasse stark zerstört. Aber auch bei den anderen Toren des Heidengraben-Oppidums, nämlich B (ebenfalls am Wall der Elsachstadt; C ist wahrscheinlich als Tor zu streichen, siehe unten S. 96), D am Heidengraben im »Lauereck«, E am Heidengraben südlich von Grabenstetten und G am Heidengraben nördlich von Erkenbrechtsweiler, zeigt der

Oberflächenbefund so klar die klassische »Zange«, daß wir mindestens ähnliche, vielleicht sogar gleiche Konstruktionen annehmen dürfen. Als etwas abweichende Grundrißlösung muß sicher das Tor D im Heidengraben im »Lauereck« angesprochen werden (unten S. 99): hier hat offensichtlich die Führung der anschließenden Befestigungslinien im Zusammenhang mit der Geländegestalt eine ungewöhnlich weite Öffnung der Vorkammer erzwungen.

Der Heidengraben nördlich von Erkenbrechtsweiler

Nördlich von Erkenbrechtsweiler gibt es *zwei* alte Wehranlagen, die den Namen »Heidengraben« führen (Abb. 25): eine südliche mit dem Tor G und eine nördliche, die aus einem breiten Sohlgraben und einer Mauer aus gesägten Tuffblöcken über der nördlichen Grabenkante besteht. Die Front dieser nördlichen Wehranlage ist also nach Süden gerichtet; sie beschirmt den Zugang zu der Berghalbinsel »Baßgeige«. Die südliche Wehranlage dagegen macht, wie die nach Süden einbiegenden Wallschenkel des Tores G bezeugen, Front nach Norden, schließt also die »Baßgeige« aus dem befestigten Innenraum des Heidengraben-Oppidums aus; sie allein hat uns hier zu beschäftigen (zu der nördlichen Wehranlage siehe unten S. 147). – Zur Besichtigung sei der oben S. 19 unter Nr. 6 genannte Parkplatz als Ausgangspunkt empfohlen.

Der (südliche) Heidengraben nördlich von Erkenbrechtsweiler ist das am wenigsten gut erhaltene Teilstück der äußeren Befestigungslinie des keltischen Oppidums. Das östlich an den erwähnten Parkplatz anschließende Mittelstück ist weitgehend abgetragen, ein Graben, den man doch voraussetzen möchte, ist nirgends zu erkennen. Die Luftaufnahme Abb. 24 (sie ist von Nordwesten her aufgenommen) läßt überhaupt nur noch die östliche Hälfte mit dem Tor G einwandfrei erkennen. Im Gelände sieht man aber von Westen her den Wall, der einst an der Hangkante angesetzt hat und nur durch die von Beuren heraufkommende Straße modern gestört ist, bis zu jenem Sträßchen in Rich-

Abb. 24 Der »Hals« der »Baßgeige« nördlich von Erkenbrechtsweiler, von Nordwesten. Rechts oben das Dorf, von der Mitte unten herauf die Straße von Beuren. Im Zentrum der Heidengraben des Oppidums mit Tor G. An der Einschnürung von rechts unten nach links oben der mittelalterliche Heidengraben (im Graben liegt noch etwas Schnee).

tung »Baßgeige«, an dem der Parkplatz liegt, noch deutlich. Etwa 100 m weiter nach Osten ist der Wall, wie schon bemerkt, fast ganz verschleift und wird erst wieder mit einer schwachen Auswölbung nach Norden sichtbar, bis er unmittelbar zur Torgasse von Tor G nach Süden umbiegt. Die Auswölbung ist offensichtlich durch die hier durchlaufende, nach Ostnordosten fallende Erosionsrinne bedingt, zugleich durch das Bestreben, dem Tor G im Westen zureichenden Flankenschutz zu geben. Östlich von Tor G nimmt der Wall eine etwas andere, mehr nach Norden weisende Richtung an; er ist hier im Gelände mühelos zu erkennen und führt bis unmittelbar an die hier sehr steile Hangkante heran.

Abb. 25 Die Befestigungen nördlich von Erkenbrechtsweiler. Maßstab 1:5000.

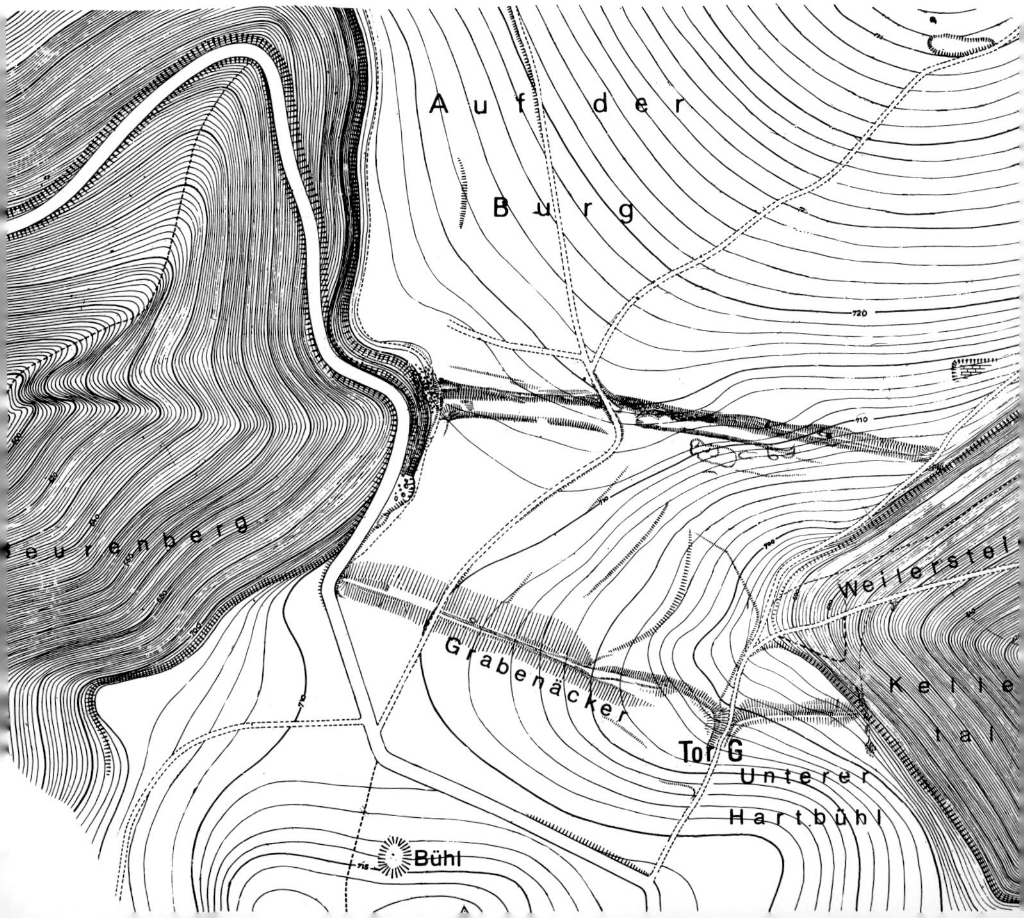

Tor G *(von Jörg Biel)*

Diese Toranlage wurde 1980 durch eine Grabung des Landesdenkmalamtes freigelegt und anschließend restauriert. Das Tor ist deutlich auf den alten Albaufstieg der Lenninger Steige zu orientiert, der heute noch als Fußweg benutzt wird. Auch die bei der Grabung freigelegte keltische Straßenpflasterung führt auf den Kopf dieses Tales zu. Das nicht besonders gut erhaltene Tor war vor der Grabung als Zangentor angesprochen worden, doch zeigte die Untersuchung, daß es sich um einen abweichenden Torgrundriß handelt. Der Torverschluß, der heute durch behauene Eichenpfosten markiert wird, zeichnete sich durch sechs mächtige, in den Fels gehauene Pfostenlöcher ab, lag jedoch nicht am Ende eines durch parallele Torzangen gebildeten Zwingers, sondern dort, wo die trichterförmig angelegten Torwangen sich treffen. Sie bilden einen großen Torvorplatz, der im ansteigenden Gelände von der Mauerkrone aus bestrichen werden konnte. Einen ähnlichen Grundriß zeigt auch Tor D der Elsachstadt.

Die Mauer selbst war wie an allen anderen bisher am Heidengraben beobachteten Stellen nicht in der Technik des murus Gallicus, sondern als Pfostenschlitzmauer aufgeführt. Dabei sind die Frontpfosten in nicht ganz regelmäßigen Abständen um 2 m meist dort gesetzt, wo Kalkkies anstand, um das Abspitzen von solidem Fels zu vermeiden. Die Pfosten waren mit Steinen verkeilt, doch war es nicht möglich festzustellen, ob sie behauen oder rund waren, da sich entsprechende Verfärbungen nicht abzeichneten. Die Frontpfosten waren durch schräg nach hinten führende Balken im Mauerkörper verstrebt. Diese Züge zeichnen sich durch senkrecht gestellte Steinplatten ab, vom Holz selbst waren im losen Steinschutt ebenfalls keine Verfärbungen zu sehen. Diese Verstrebungen waren lediglich durch das Gewicht der aufgeschütteten Mauer festgehalten, sie sind am inneren Mauerfuß nicht durch Pfosten verankert. Die Mauerfront trug sicherlich einen an den Frontpfosten befestigten Wehrgang, von dem sich jedoch keine Reste fanden. Auch die Mauerhöhe ist nicht genau festzulegen, sie dürfte um 2 m gelegen haben; jedenfalls war sie nicht besonders hoch. Die Mauer hatte keine Rückfront, sondern war mit einem Erdwall angeschüttet, dessen Fuß eine lose Steinpflasterung aufwies. Mit einer Sohlbreite von 8 bis 10 m war die Mauer damit recht kompakt.

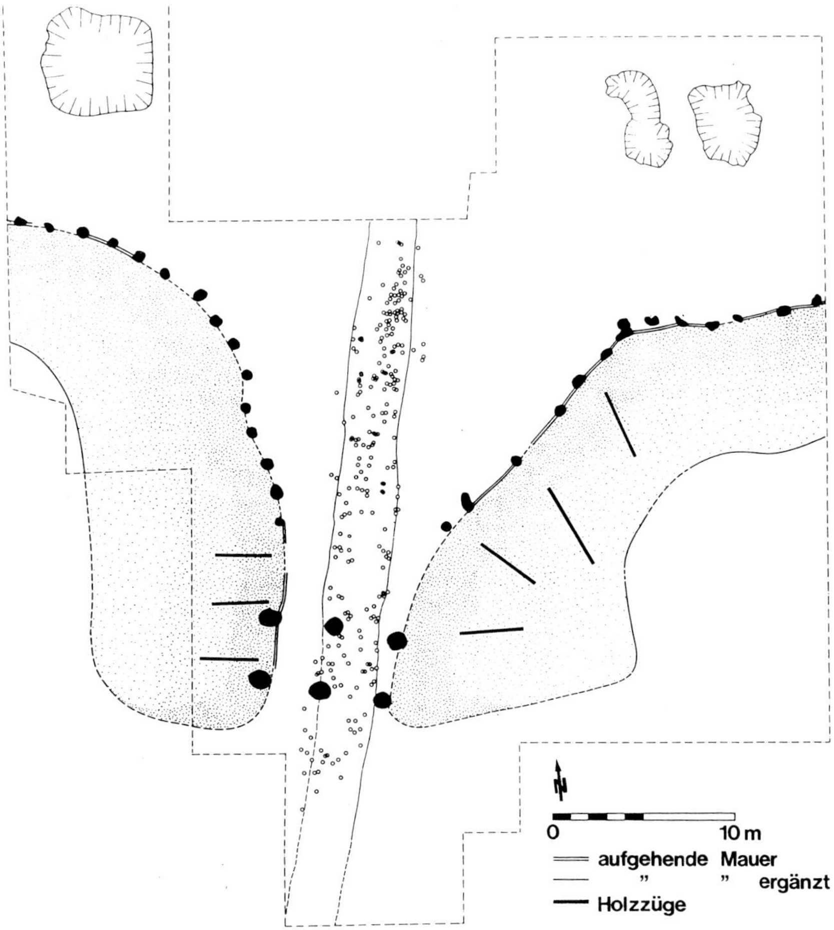

Abb. 26 Erkenbrechtsweiler, Tor G. Schematisierter Grundrißplan.

Das Trockenmauerwerk der Vorderfront war aus flachen Steinplatten aufgeschichtet und im Aufgehenden nur noch an wenigen Stellen erhalten. Meist haben die herausbrechenden Frontpfosten auch die schmalen Mauerzwischenstücke mitgerissen. Bei der Rekonstruktion wurden für den westlichen Torflügel die Originalsteine verwandt, die jedoch nicht ausreichten, so daß für den östlichen Flügel neugebrochene Steine benutzt werden mußten. Der Mauerkörper selbst war aus verschiedenartigem Material aufgeschüttet. Vor allem die beiden Ecken sind aus größeren Steinbrocken recht massiv aufgebaut, während im übrigen Mauerverlauf lagenweise Lehm und Steine, verschiedentlich auch Kalkverwitterungslehm verwandt wurde. Dieser wurde in Materialgruben abgebaut, die vor der Mauer liegen. Während nämlich am Westende der Befestigung, dort wo sie an das Beurener Tal stößt, bei einer kleinen Grabung 1977 ein in den Fels gearbeiteter Graben nach-

Abb. 27 Aufnahme von Tor G bei Erkenbrechtsweiler während der Grabung 1981.

Abb. 28 Tor G bei Erkenbrechtsweiler. Rekonstruktion der Anlage.

gewiesen werden konnte, ist ein solcher vor dem Tor G nicht vorhanden. Hier hat man keine Steine gebrochen, sondern nur einige Materialgruben angelegt. Sie wurden später vor allem mit römischem Siedlungsschutt verfüllt, der in das erste bis dritte Jahrhundert gehört und damit schon in der Alblimeszeit beginnt. Besonders eine Scharnierbügelfibel und südgallische Sigillata sind so früh zu datieren, während weitere Scherbenfunde später anzusetzen sind. Diese Funde weisen auf das Vorhandensein einer römischen Siedlung hin, die außerhalb der Grabungsfläche liegt, jedoch zeigt, daß zumindest der Albzugang durch das Lenninger Täle noch in römischer Zeit benutzt wurde. Ob die frührömischen Funde darüber hinaus auch das Ende der Heidengrabenbefestigung bei Erkenbrechtsweiler oder gar der gesamten Anlage datieren, sei hier dahingestellt. Auch für die Befestigung und Siedlungen auf der nördlich gelegenen Baßgeige sind sie sicherlich von Bedeutung.

Die bei der Grabung gemachten keltischen Funde sind demgegenüber vergleichsweise spärlich. Neben typischen, mit grobem Kammstrich verzierten Scherben, ist vor allem eine kleine Silbermünze (Abb. 29), die auf der alten Oberfläche vor dem Tor lag.

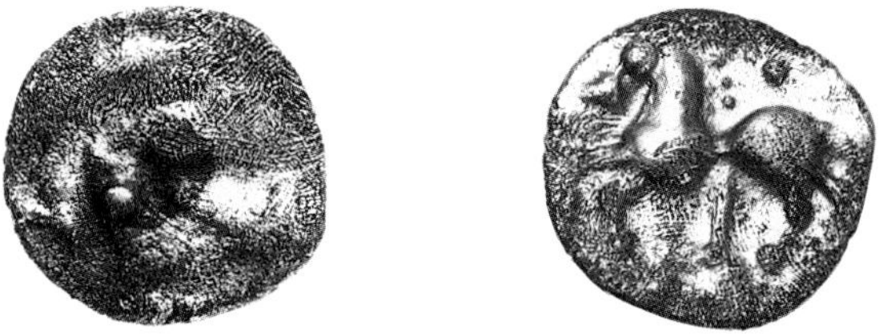

Abb. 29 Erkenbrechtsweiler. Keltische Kleinsilbermünze (Maßstab 3:1).

Die äußere Befestigungslinie des Heidengraben-Oppidums umschließt mit weit über tausend Hektar einen so riesigen Raum, daß es verständlich erscheint, wenn die Siedlung selbst noch einmal besonders befestigt wurde. Mittels des bogenförmigen Heidengrabens der Elsachstadt westlich von Grabenstetten ist ein *Areal von 153 Hektar* aus dem befestigten Gesamtraum herausgeschnitten (s. Beilage), und es ist wohl kein Zufall, daß die wenigen, aber unmißverständlichen Anzeichen einer Siedlung sich bisher immer nur innerhalb dieses Oppidums im engeren Sinne gefunden haben (siehe unten S. 114). Hertlein hat für diesen Bereich zwischen dem Kaltental, dem Heidengraben westlich von Grabenstetten und dem Lenninger Täle den Namen »Elsachstadt« eingeführt; obgleich die Elsach, die bei der Falkensteiner Höhle nahe dem Heidengraben südlich von Grabenstetten entspringt und nach Südwesten abfließt, um sich bei Urach in die Erms zu ergießen, diese Elsachstadt gar nicht berührt, behalten wir den Namen um der Verständlichkeit willen bei. – Zum folgenden siehe immer die *Beilage*.

Der Heidengraben der Elsachstadt

Mit knapp 1400 m Länge und bis zu 3 m Höhe ist der Heidengraben der Elsachstadt westlich von Grabenstetten (Abb. 30) das größte und wohl auch eindrucksvollste Befestigungswerk des gesamten Heidengraben-Oppidums. Gleichwohl müssen wir uns immer vergegenwärtigen, daß wir eine – wenn auch gewaltige – Ruine vor uns haben, daß also der heute sichtbare Wall nicht in dieser Form einst als Wehrbau errichtet war; auch die beiden nördlich und östlich vorgelagerten Gräben, die heute nur noch teilweise kenntlich sind, müssen wir uns in ihrem ehemaligen Zustand vorstellen, um nicht Gefahr zu laufen, vom heutigen Zustand aus über das Befestigungswerk zu urteilen. – Kraftfah-

Abb. 30 Die Elsachstadt, von Norden. Im Vordergrund unten die Straße Grabenstetten–Burrenhof (mit Parkplatz »Seelenau«). Rechts am Waldrand (im Schatten) Tor A. Im obersten Drittel links der Wald auf dem Heidengraben im »Lauereck«. Das Grabenstettener Tal und das Lenninger Täle liegen im Schatten.

rern sei der oben S. 18 unter Nr. 2 genannte Parkplatz »Seelenau« als Ausgangspunkt für die Besichtigung empfohlen.

Der Heidengraben der Elsachstadt verbindet einen Kopf des Kaltentals mit dem nordwestlichen Kopf des Grabenstettener Tales. Im Norden umgreift er in weitem Viertelkreis die sanfte Erhebung der »Seelenau«, weiter südlich nimmt er in geschickter Anpassung an das Gelände einen etwas geschwungenen Verlauf. Zwei Tore, A im Norden, B im Osten, vermitteln den Zugang zum Plateau; ein drittes, das von Hertlein C genannte Tor im Süden, ist wahrscheinlich nur ein einfacher Wasserdurchlaß (siehe unten S. 96).

Im *Nordwesten* lehnt sich der Heidengraben der Elsachstadt an eine nach Westen fallende Klinge an. Er setzt etwa 100 m westlich des Tores A mit einem schwachen Randwall auf der Plateaukante ein, erhebt sich aber schon nach kurzem Verlauf zu voller Höhe. Am Hangfuß bemerkt man hier auch die unregelmäßigen Anfänge der beiden Gräben, die erst östlich des Tores A deutlicher sichtbar werden.

Dieser gewissermaßen zögernde Beginn des Heidengrabens der Elsachstadt verdient jedoch unsere besondere Aufmerksamkeit deshalb, weil das Tor A auf den ersten Blick nicht nur auf einen Zugang von Norden und Osten – also vom Plateau her –, sondern auch auf einen hier heraufkommenden Aufweg aus dem Kaltental bezogen zu sein scheint; mündet doch die Klinge, an die sich die Befestigung hier anlehnt, ungefähr 500 m westlich von Tor A unmittelbar in das oberste Kaltental. Aber wie soll man damit vereinbaren, daß – wie schon beschrieben – die zweifelsfrei sichtbare Befestigung schon 100 m westlich des Tores A endet und daß auch die westlich nächstfolgende Ecke der Plateaukante – auf dem Kopf eines zwischen zwei Klingen stehenden Sporns – keinerlei Befestigung trägt (ein hier von Süden heraufkommender Weg ist als seichte Hohle ausgebildet, der talseitige Wegrand erscheint dadurch etwas überhöht, ist aber sicher kein Randwall)? Die Antwort ergibt sich etwas weiter unten in der Klinge: Dort nämlich, wo die Markungsgrenze zwischen Grabenstetten und Urach die schmale und nach Westen steil fallende Klinge kreuzt, stößt man auf einen schwachen, breit auseinandergeflossenen Querwall, der weit oben an den Hängen ansetzt. Zwar fällt es nicht ganz leicht, darin eine alte Sperrung zu sehen, doch mag die geringe Mächtigkeit des Walls auch den lange wirkenden Zerstörungskräften zuzuschreiben sein. Indessen:

Abb. 31 Der Heidengraben der Elsachstadt. Am Waldrand Tor A.

Dieser Wall sperrt die Klinge im Wortsinn, denn nichts deutet auf ein Tor oder einen kleinen Durchlaß, den doch ein funktionsfähiger Aufgang aus dem Tal herauf voraussetzte; der heute auf der Klingensohle

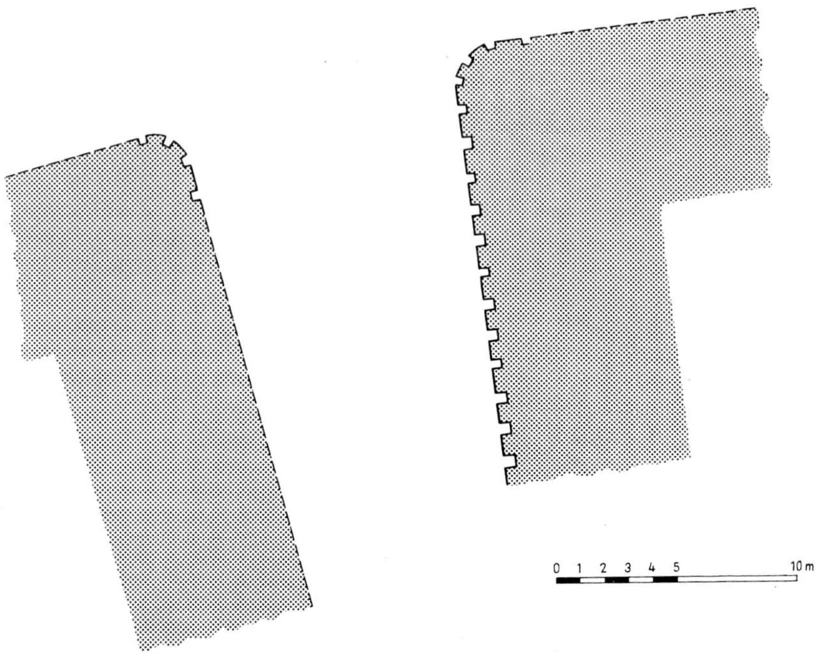

Abb. 32 Tor A (nach Hertlein).

verlaufende – übrigens unbefestigte – Weg ist in de.. Wall gebrochen. Wenn also die Klinge hier gesperrt war, bedurfte es keiner weiteren, übrigens notwendigerweise aufwendigen Sicherung des Aufweges mehr. Diese Beobachtungen alle, vielleicht auch die geringe Mächtigkeit des Sperrwalls selbst passen aber ganz gut zu den unten S. 103 angestellten Überlegungen zur Bedeutung des Kaltentals für die Verkehrslage des Oppidums; wir werden uns daher schwerlich in der Auffassung täuschen, daß das Tor A nicht auf einen Aufweg aus dem Kaltental bezogen war.

Tor A

Das Tor A, das demnach vor allem auf einen Zugang von Norden her aus Richtung Erkenbrechtsweiler, aber auch vom Tor F nahe dem Burrenhof zu beziehen sein wird, bietet sich heute in einem stark zerstörten Zustand dar. Die mächtigen, nach Süden einbiegenden Wallschenkel, die die Torgasse bilden, sind nur noch auf knapp 20 m Länge erhalten, weil sie von innen – also von Süden – her zum Teil abgetragen worden sind; ihre Spuren sieht man aber noch heute weiter nach Süden, in den Innenraum zu, ohne daß sich allerdings ihre einstige Länge genauer angeben ließe. Die Gräben vor dem Tor scheinen auszusetzen; da aber ein noch heute benutzter Weg durch das Tor führt, das im Volksmund »Winkeltor« heißt (nach dem südwestlich anschließenden Gewann »Winkel«), ist der von den Erbauern des Heidengrabens geschaffene Zustand nicht mehr mit Sicherheit auszumachen.

Hertlein hat Tor A im September 1906 teilweise untersucht; seinem Bericht verdanken wir den Plan Abb. 32 und die Ansicht der abgerundeten Westecke (Abb. 33). Hertlein hat die beiden nördlichen Ecken der Torgasse und ein großes Stück der östlichen Flankenmauer freigelegt; dichter Bewuchs hinderte ihn an der Untersuchung der westlichen Flanke. Nach Süden ist er nicht so weit vorgedrungen, um das Ende der Torgasse festlegen zu können. Sein Plan (Abb. 32), den wir hier in einer

Abb. 33 Tor A. Abgerundete Nordwest-Ecke.

graphisch ansprechenden Umzeichnung vorlegen, ist indessen wahrscheinlich nicht in allen Einzelheiten korrekt. Richtig ist zunächst Hertleins Beobachtung, daß die von Südwesten herankommende Mauerstirn des Heidengraben-Walls genau auf die nordöstliche Torecke zielt. Dagegen kann man sich im Gelände gewisser Zweifel nicht erwehren, ob die östliche Flanke der Torgasse wirklich, wie Hertlein ausdrücklich bemerkt hat, rechtwinklig zu dem nach Osten weiterführenden Mauertrakt steht; man möchte hier eher an einen größeren, also stumpfen Winkel glauben. Die Frontlinie der westlichen Flankenmauer der Torgasse – nur gestrichelt gezeichnet – ist, wie Hertlein ausdrücklich bemerkt, nur durch Visieren festgestellt, also keineswegs gesichert. Auch wenn man aber die Korrektheit seiner Eintragung dahingestellt sein läßt, dürfte an der Feststellung nicht zu rütteln sein, daß sich die Torgasse einst von außen (Norden) nach innen (Süden) zu um einiges verengt hat, wie das ja schon bei Tor F (siehe oben S. 66 f.) festgestellt wurde. Gleichfalls übereinstimmend mit Tor F hat Hertlein beobachtet, daß die Frontmauer der östlichen Torflanke an einem bestimmten, von der Nordostecke knapp 18 m entfernten Punkt aufzuhören scheint. Möglicherweise haben wir also in den rückwärtigeren, südlicheren Teilen der Torgasse, die heute weitgehend verschleift sind, den aus Holz errichteten Torbau mit den Torverschlüssen anzunehmen. Obgleich die nördliche, das heißt die feindseitige Öffnung der Torgasse mit knapp 12 m Breite nicht unerheblich schmaler als bei Tor F ist, werden wir auch hier zwei Durchgänge nebeneinander voraussetzen dürfen, wie das beim Tor des Oppidums von Finsterlohr (oben S. 65 mit Abb. 21) beobachtet wurde.

Die Stirnmauer des Heidengraben-Walls und die flankierenden Mauern der Torgasse erwiesen sich wie bei Tor F als trocken aufgesetzte Bruchsteinmauern mit knapp 40 cm breiten Pfostenschlitzen; die Untersuchung eines Pfostenlochs wurde abgebrochen, ohne daß die einstige Tiefe festgestellt worden war. In der östlichen Torflanke standen die Pfostenschlitze in Abständen von rund 0,9 m; an den abgerundeten Ecken, besonders im Nordwesten (Abb. 33), standen sie in kürzeren Abständen, in einem Falle betrug die Distanz nur 0,41 m. Das ist, wie schon Hertlein bemerkt hat, darauf zurückzuführen, daß Mauer und Wall hier, an den Ecken, besonders zahlreicher und kräftiger Stützen bedurften. Die einbiegenden Wallschenkel halten noch heute – soweit

Abb. 34 Tor A, von Süden. Zu beiden Seiten der Torgasse die Stümpfe der Wallschenkel, jeweils anschließend der Wall.

sie nicht offensichtlich abgetragen sind – die gleiche Höhe wie die anschließenden Strecken des Heidengraben-Walls.

Im ganzen erweist sich also das Tor A der Elsachstadt als offenbar etwas kleiner als das Tor F beim Burrenhof, das zu den äußeren Befestigungen des Heidengraben-Oppidums gehört. Ob sich jedoch darin auch eine geringere Bedeutung im Sinne einer geringeren Benutzung spiegelt, muß offen bleiben. Überdies kennen wir ja die genaueren Maße des Tores B (siehe unten S. 94), des zweiten Tores des Elsachstadt-Walls, bisher gar nicht, und diejenigen des Tores D im Heidengraben im »Lauereck« sind ebenfalls nur zu schätzen. Die Tatsache, daß wir wenigstens einige Maße von Tor A dank der Untersuchung Hertleins kennen, darf uns andererseits auch nicht von vornherein dazu verführen, diesem Tor ein besonderes Gewicht bei jenen Überlegungen zuzubilligen, die sich mit der mutmaßlichen Lage der einstigen Siedlung beschäftigen.

Abb. 35 Durchbruch durch den Heidengraben der Elsachstadt, 100 m östlich von Tor A. Grabung Hertlein 1906. In der Front ein Pfostenschlitz, im Wall die Erdhinterschüttung.

Schnitt durch den Heidengraben

Etwa 100 m östlich von Tor A hat Hertlein, ebenfalls im September 1906, die gesamte Befestigung – also den Wall und die beiden Gräben – durchschnitten, um Aufbau und einstige Form dieser Wehranlage kennenzulernen (Abb. 35, 36). Über die Mauer berichtete er: »Die mörtellose Stirnmauer der über den Boden sich erhebenden Befestigung besteht aus Juraplatten Weiß δ; sie hat nur eine Tiefe von 30 bis 40 cm; unmittelbar hinter ihr liegen unregelmäßig kleine und mäßig große Steinbrokken; während die sauberen Steinplatten der Stirnmauer, die mit dem Hammer zugerichtet sind – besonders ein Stein zeigte eine Reihe von Hammerschlägen – hauptsächlich aus den auf den Feldern herumliegenden Steinen ausgelesen sein dürften, sind die Brocken jedenfalls zur Hauptsache aus den Felsgräben entnommen.« Und weiter: »Die hier zu 55 bis 90 cm Höhe erhaltene Stirnmauer zeigt nach ungefähr je meterlangen Abschnitten senkrechte Lücken von etwa 30 cm Breite.« In der Mauer glaubte Hertlein auch Reste von Längsbalkenlücken erkannt zu haben: »In der Höhe von 60 cm zeigt die am Durchschlag (d. h. dem hier beschriebenen Durchschnitt) bloßgelegte Stirnmauer besonders nach den beiden bloßgelegten Enden hin eine stärkere Unterbrechung der regelmäßigen Steinschichtung durch eine durchschnittlich etwa 5 cm dicke Erdschicht; ein Mauerteil ist von etwa eben jener Höhe an verfallen.« Eine ähnliche Beobachtung wird von der östlichen Torflanke des Tores F gemeldet, hier aber in 0,5 m Höhe.

Über das Profil der Mauerhinterschüttung – des eigentlichen Walls also – berichtet Hertlein: »Während . . . unmittelbar hinter der Stirnmauer die Brocken von dem Boden an, auf dem auch die Mauer aufsteht, aufgehäuft sind, findet sich etwas weiter hinten zu unterst nur noch Erde, etwa $^{3}/_{4}$ m hoch; über dieser Erde liegt eine etwa ebenso mächtige, horizontale Schicht von Steinbrocken, die nach rückwärts langsam auskeilt und etwa 6 m hinter der Front allmählich abwärts zu sinken beginnt, weil hier keine Mauer das Zusammensinken und Auseinanderfallen des Dammes hinderte.« »Über der Steinschicht folgt wieder Erde, . . . Unmittelbar unter der Oberfläche des ganzen jetzigen Walls ist wieder eine dünne Schicht von nicht dicht aufeinander, sondern eher etwas zerstreut liegenden Steinbrocken; offenbar war der ursprüngliche Mauerdamm oben mit solchen Steinen abgedeckt.«

Dieser Beschreibung, aus der wir lediglich die Interpretationsversuche eliminiert haben, ist zu entnehmen, daß Hertlein den gesamten Wall

Abb. 36 Schnitt durch den Heidengraben der Elsachstadt und die beiden Gräben. Grabung Hertlein 1906.

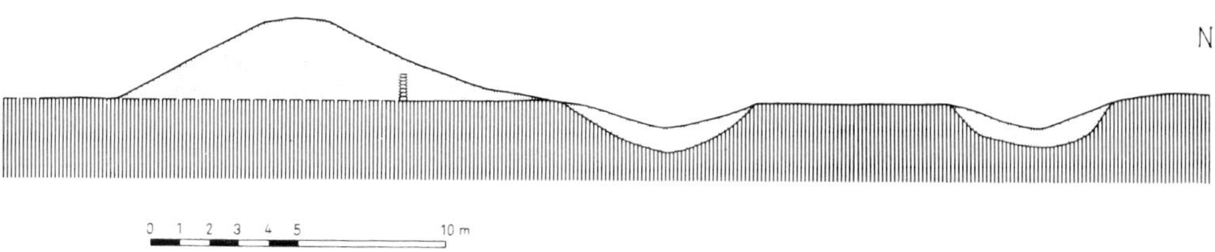

Abb. 37 Die Mauer des Oppidums von Finsterlohr. 1970 restauriertes Mauerstück. Die Mauer war einst erheblich höher und trug wahrscheinlich einen Wehrgang.

bis zu dem Niveau durchschlagen hat, auf dem die Mauer aufsaß und das er für die alte Oberfläche gehalten hat. Ob dies freilich ganz gleichmäßig geschah und ob die Sohle des Schnittes überall wirklich die alte Oberfläche erreicht hat, ist eine andere Frage; das wird sich sogleich zeigen, wenn wir uns einmal genauer ansehen, was die Forschung inzwischen zum Bau solcher Mauern und ihrer Hinterschüttungen zu sagen hat. Schon Hertlein hat klar erkannt, daß die Konstruktion der Mauer mit Pfostenschlitzen, die er selbst auch an der Mauer von Finsterlohr festgestellt hatte (siehe Abb. 37), zuvor schon am Ringwall auf dem Altkönig im Taunus, in Frankreich aber, dem antiken Gallien, noch nirgends bekannt geworden war. Dort herrschte eine andere Bauweise der Frontmauer. Schon Caesar hat diesen *murus Gallicus* anläßlich der Belagerung von Avaricum – dem heutigen Bourges im Département Cher – im Jahre 52 v. Chr. wie folgt beschrieben (b. G. VII 23):

Die gallischen Mauern sind allesamt etwa nach folgendem Schema konstruiert. Rechtwinklig zur Richtung des Mauerzuges legt man auf den Erdboden Balken nebeneinander, mit jeweils zwei Fuß (0,60 m) Abstand; im Innern des Mauerwerks werden diese befestigt und mit einer Menge Erde bedeckt, an der Front aber werden die genannten Zwischenräume mit großen Steinen ausgefüllt. Ist diese Schicht gelegt und zusammengefügt, so wird eine zweite Lage in der Weise darüber aufgebracht, daß die Balken zwar die gleichen Abstände untereinander haben, aber zugleich die Balken der ersten Schicht nicht berühren; von diesen halten sie den gleichen Zwischenraum inne, der mit einzelnen Steinen ausgefüllt wird. So wird alles kunstvoll zusammengehalten. Auf diese Weise wird der ganze Bau weitergeführt, bis die Mauer die richtige Höhe erreicht hat. Wie dieses Mauerwerk in Gestalt und Mannigfaltigkeit infolge der geradlinig angeordneten Steine und Balken (-köpfe) nicht unschön erscheint, so ist es auch in höchstem Maße zur Verteidigung der Städte geeignet, weil der Stein vor dem Feuer und das Holzwerk vor dem Rammbock schützt, zumal das Holzwerk im Innern durch Längsbalken von meist vierzig Fuß (12 m) Länge verbunden ist und deshalb weder durchschlagen noch auseinandergerissen werden kann.

Der Unterschied zu unserer Pfostenschlitzmauer ist klar: Bei dem von Caesar beschriebenen *murus Gallicus* erscheinen die Köpfe der quer zur Richtung der Mauer liegenden Horizontalbalken in der Steinfront, senkrechte Pfosten gibt es dort nicht. Der *murus Gallicus* Caesars ist in der Tat aus dem antiken Gallien in größerer Zahl, rechts des Rheins wahrscheinlich aus Tarodunum und sicher aus Manching bekannt Abb. 39); hier sind auch die Balken hinter der steinernen Frontmauer festgestellt worden. Über die Beschreibung Caesars hinaus haben die Ausgrabungen sowohl an verschiedenen Plätzen Galliens wie in Manching gezeigt, daß das kastenförmige Holzrahmenwerk unmittelbar hinter der Frontmauer mit 20 bis 30 cm langen, etwa 1 cm dicken eisernen Nägeln (Abb. 40) buchstäblich vernagelt war, was sowohl beim Bau nützlich als auch der Standfestigkeit des Ganzen günstig sein mußte. Außerdem ist vielfach die rückwärtige Anschüttung nach innen wie eine Rampe abgeschrägt; damit wurde der Widerstand gegen den Rammbock erheblich verstärkt, zugleich aber auch auf eine recht ein-

Abb. 38 Das System der Mauer von Preist, nach dem Ausgrabungsbefund rekonstruiert.

fache Art das Problem gelöst, die Befestigung für die Verteidiger möglichst ohne Beschränkung zugänglich zu halten.

In dem Unterschied – *murus Gallicus* mit ausschließlich horizontalem Holzrahmenwerk, Pfostenschlitzmauer mit senkrechten Pfosten – drücken sich zugleich zwei verschiedene, jedoch sich auch vielfach durchdringende Traditionen alteuropäischer Wehrbautechnik aus. Dehn hat in mehreren eindringlichen Studien zeigen können, daß die kastenförmige Anordnung von Horizontalhölzern in Mitteleuropa seit Beginn des ersten Jahrtausends v. Chr. nicht nur in Form der Blockbautechnik beim Hausbau, sondern auch beim Bau von Befestigungsanlagen – man denke etwa auch an die Holzerde-Mauern der Heuneburg – üblich war. Aber auch die Verbindung von senkrechten Pfosten in der Mauerfront mit horizontalen Querankern ist mindestens seit der frühen Latènezeit (5./4. Jh. v. Chr) nachzuweisen, wie das Beispiel von Preist bei Bitburg in der Eifel zeigt (**Abb. 38**), freilich schon im 6./5. Jahrhundert v. Chr. in Palinuro in Süditalien belegt, ohne daß im Augenblick zu sehen ist,

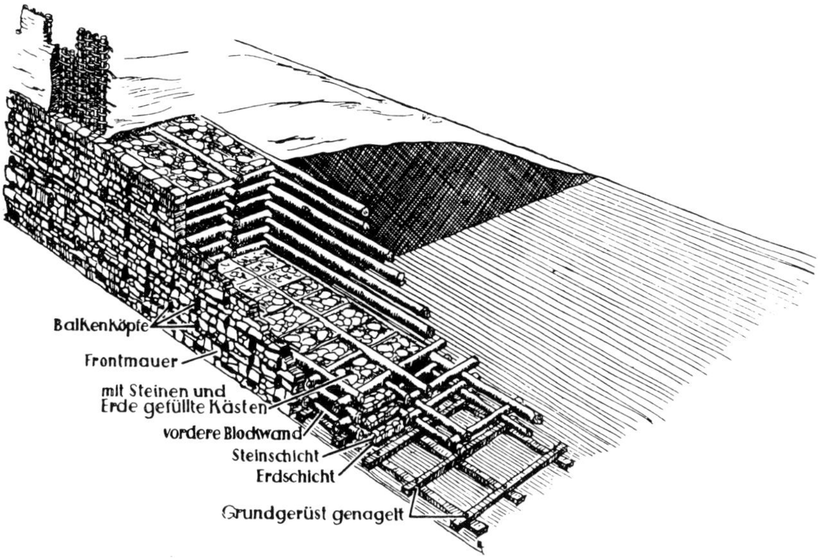

Abb. 39 Der *murus Gallicus* des Oppidums von Manching, nach dem Ausgrabungsbefund von 1938 rekonstruiert.

wie die Zusammenhänge zu deuten sind; eben diese Technik ist es, die schon früher bei dem spätlatènezeitlichen Ringwall auf dem Altkönig im Taunus festgestellt wurde, so daß wir heute von einem System Altkönig-Preist sprechen. Demgegenüber machen sich in der Konstruktion des *murus Gallicus*, möglicherweise auch in der Vernagelung des Holzwerkes unmittelbar hinter der Steinfront und sicher in der rampenförmigen Hinterschüttung des gesamten Bauwerkes klare mediterrane Einflüsse geltend, die gerade in letzterer Beziehung ja auch auf die Mauern vom Typus Altkönig-Preist übergegriffen haben, wie Finsterlohr und der Heidengraben zeigen. Im übrigen aber kann man sich des Eindrucks nicht ganz erwehren, daß in den überaus zahlreichen Befestigungsanlagen der Eisenzeit Mittel- und Westeuropas, die in den Einzelheiten der Konstruktion vielfach differieren, ein Tasten nach Verbesserungsmöglichkeiten zum Ausdruck kommt, wobei Anregungen und Einflüsse aus dem mediterranen Süden immer wieder aufgegriffen und nach Lage der Dinge auch abgewandelt wurden. Wie sehr man sich auf

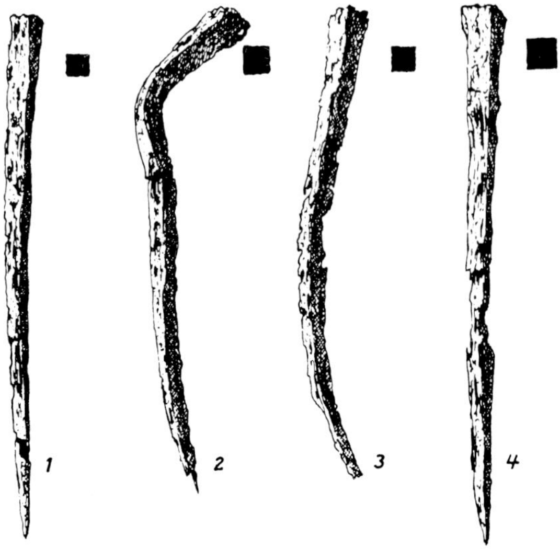

Abb. 40 Eiserne Nägel aus dem *murus Gallicus* von Manching. Der größte Nagel ist 27,6 cm lang.

die unterschiedlichste, aber dem Zweck angemessene Weise zu helfen wußte, zeigt am besten die Befestigung des Oppidums von Manching: Hier hat man, nachdem der nach dem System des *murus Gallicus* errichtete Ring-»Wall« mindestens in der Front schadhaft geworden war, eine Pfostenschlitzmauer des Typus Altkönig-Preist vorgeblendet; es mag dahingestellt bleiben, ob dies als ein Rückgriff auf alteinheimische Traditionen, ob als ein aus der Not geborenes Verfahren allein (ein zerfallener *murus Gallicus* läßt sich nur durch vollständiges Abtragen und vollständigen Neubau systemgerecht reparieren!) oder aus einer Mischung von beidem zu verstehen ist.

Wenn wir jetzt wieder zum Heidengraben der Elsachstadt, zum Durchstich Hertleins zurückkehren, müssen wir zunächst an die vom Ausgräber beschriebenen Lagen von Steinen im Wall hinter der Frontmauer erinnern. Zwar hat Hertlein dort keinerlei Spuren von Holzbalken beobachtet; wohl aber war er von technischen Überlegungen her zu dem Schluß gekommen, daß die Frontpfosten einer Verbindung mit der wallartigen Hinterschüttung der Frontmauer bedurften, weil sie hier, wo der Felsuntergrund kaum mehr als 0,5 m tief anstand, anders gar nicht ausreichend befestigt werden konnten. In einigen Ungleichheiten an den rückseitigen Wänden der Pfostenschlitze, also noch im Bereich der steinernen Mauer, glaubte er Reste von Lücken sehen zu dürfen, die von solchen hölzernen Querankern herrührten. Ob dies zutrifft, könnte nur eine neue Untersuchung zeigen; aber in den oben S. 85 mit den Worten Hertleins beschriebenen Steinlagen im Inneren des Erdwalls möchte man doch wenigstens die Bettungen, vielleicht die von Caesar geschilderten »Befestigungen« hölzerner Balken sehen, und daß diese nach rückwärts-innen etwas geneigt waren, ist vielleicht durchaus Absicht gewesen. (Daher auch die Zweifel, ob Hertlein im Bereiche der inneren – hier also südlichen – Teile des Walls überhaupt die alte Oberfläche erreicht hat!) Aber freilich: hier geraten wir auf unsicheren Grund, Klarheit wird man, wie schon bemerkt, nur mit einer erneuten und sorgfältigen Ausgrabung erzielen können.

Die beiden Gräben

Nördlich und östlich sind dem Wall der Elsachstadt von der Region bei Tor A bis zu dem sogenannten Tor C zwei Gräben vorgelagert (Abb. 36). Der innere Graben setzt in knapp 5 m Abstand zum Fuß der Frontmauer an, läßt also eine nicht unbeträchtliche Berme stehen. Angesichts einer entsprechenden Breite von wenigstens 6 m in Manching, 8 m in Finsterlohr und gar 12 m auf der Berner Engehalbinsel (Innerer Südwall) ist dieses Maß aber eher gering zu nennen. Dasselbe gilt für die beiden Gräben. Sie sind, wie Hertlein festgestellt hat, mit stark 6 m Breite und weniger als 2 m Tiefe beim inneren, mit knapp 6 m Breite und rund 1,5 m Tiefe beim äußeren Graben sehr bescheiden dimensioniert. Das hängt aber, wie Hertlein ebenfalls gesehen hat, weitgehend damit zusammen, daß in 0,5 m Tiefe schon der harte Kalkfels anstand, in den sie eingearbeitet werden mußten – nicht zuletzt wohl auch, um die Steine für die Frontmauer zu liefern. Ungewöhnlich ist auch, daß zwei Gräben angelegt wurden; aber dies dürfte ebenso mit der Unmöglichkeit, besser: Unzweckmäßigkeit zu begründen sein, in den harten Kalkfels einen Graben der sonst benötigten Breite und Tiefe einzuarbeiten, während man mit den zwei verhältnismäßig schmalen und seichten Gräben den gleichen Effekt erzielen und zugleich noch die für die Mauer benötigten Steine gewinnen konnte. Wenn also nicht alles

täuscht, sind die zwei Gräben und ihre vergleichsweise bescheidenen Abmessungen nicht etwa mit einer taktischen Überlegung von besonderem Raffinement, sondern ganz einfach als Anpassung an die natürlichen Bedingungen zu erklären. Im übrigen wissen wir bisher nicht, ob diese Gräben auf ihrer ganzen Strecke in gleichmäßiger Breite und Tiefe ausgearbeitet waren; der Oberflächenbefund, der freilich das Ergebnis natürlicher und mancher absichtlichen Zufüllung ist, erweckt zuweilen den Verdacht, daß es sich – mindestens im südlichen Teil – nur um unregelmäßige Materialgräben handelt, aber mehr als einen Verdacht wird man ohne genauere Untersuchung nicht äußern können. – Zum Einsetzen der Gräben westlich von Tor A siehe oben S. 78, zum südlichen Ende der Gräben unten S. 96.

Zwischen den Toren A und B

Zwischen den Toren A und B beschreibt der Heidengraben der Elsachstadt einen starken Viertelkreis mit einem Radius von ungefähr 260 m. Ein Blick auf die Plan-Beilage lehrt ebenso wie der Augenschein im Gelände, daß diese Führung der Befestigung bedingt ist durch die zwar flache, aber doch spürbare Erhebung mitten in der Flur »Seelenau«, die etwas nach Norden ausläuft; das Tor B dagegen liegt schon im Bereich zahlreicher, flacher Abflußrinnen, die nach dem Grabenstettener Tal im Süden entwässern.

Die Krümmung des Bogens des Heidengrabens ist keineswegs ganz gleichmäßig, sondern offenkundig der Gestalt des Geländes angepaßt. Sie setzt erst knapp 100 m östlich von Tor A ein und verläuft sich allmählich gegen Tor B hin. Ungefähr am Scheitelpunkt des Bogens, unmittelbar südwestlich des Parkplatzes »Seelenau«, ist die Befestigung sekundär durch einen mehrfach verbreiterten Feldweg durchbrochen; wenig westlich dieses Durchbruchs hat Pfarrer Dr. Losch im Jahre 1891 »in mäßiger Höhe auf der Innenseite in kompakter, 10 bis 20 cm dikker, horizontaler Schicht« spätlatènezeitliche Funde geborgen (siehe unten S. 119). In Richtung auf das Tor B zu verläuft der Wall in ungefähr gleichmäßiger Höhe, dagegen sind die Gräben auf dieser Strecke vielfach ganz zugeschüttet.

Abb. 41 Der Heidengraben der Elsachstadt, von Südosten. Unten der Kopf des Grabenstettener Tales, oben der Hohenneuffen.

Tor B

Das Tor B, 300 m südöstlich des genannten Durchbruchs, ist erheblich schlechter erhalten als Tor A. Die südliche Flanke der Torgasse ist fast ganz verschwunden, die nördliche Flanke kurz vor dem Ersten Weltkrieg bis auf 10 m Länge abgetragen worden. Bei dieser Gelegenheit hat Pfarrer Dr. Herrmann spätlatènezeitliche Funde geborgen (siehe unten S. 119). Ohne eine genauere Untersuchung läßt sich daher im Augenblick nur feststellen, daß wir hier ein Zangentor von ähnlichen wenn nicht gleichen Dimensionen wie bei Tor A vor uns haben: Hertlein hat am äußeren, also östlichen Ende der Torgasse eine Distanz der Flankenwälle von 12 m gemessen; im Gelände läßt sich bei günstiger Beleuchtung noch ausmachen, daß die Torgasse einst nach Westen hin erheblich länger war als die stark beschnittene Ruine unmittelbar andeutet. Die Gräben scheinen vor dem Tor auszusetzen. Ein Feldweg, dem Teile des Tores zum Opfer gefallen sein dürften, führt hier von Ostsüdosten her in das Innere der Elsachstadt; auf älteren Luftaufnahmen zeichnet sich noch ein zweiter Weg ab, der von Tor B aus nach Ostnordosten führte. Auch wenn die beiden Wege schwerlich unmittelbare Nachfolger von Zugängen aus der Zeit des Oppidums sein werden, so charakterisieren sie doch die Funktion des Tores B: zwischen dem Inneren der Elsachstadt und dem Raum um Grabenstetten zu vermitteln, wobei Zu- und Aufgänge von Süden und Osten zu dem gesamten Oppidum hier in seinen Kern, in die Elsachstadt münden.

Südlich von Tor B

Denn südlich von Tor B scheint, wie wir noch sehen werden, im Heidengraben der Elsachstadt kein Tor mehr vorzuliegen. An das Tor B südlich anschließend verläuft der Heidengraben auf einer Strecke von ungefähr 320 m annähernd geradlinig nach Südsüdosten bis zu einem (sekundären) Wegdurchbruch, der kein Tor darstellt; der Wall ist auf dieser Strecke nur geringfügig gestört, wenigstens der äußere Graben im südlichen Teil dieses Abschnittes deutlich zu sehen (die Existenz des inneren Grabens wird man voraussetzen dürfen). Wenig südlich des Wegdurchbruchs aber nimmt der Heidengraben mit Rücksicht auf die Geländegestalt einen eigentümlich geschwungenen Verlauf: mit einer S-förmigen Schwingung benutzt er einen weit nach Osten vorspringen-

Abb. 42 Der Heidengraben der Elsachstadt südlich von Tor B, Blick nach Südosten. Vor dem Wall Spuren der breiten Berme.

den Geländesporn, dessen Südhang ihn zu einer Biegung nach Westen zwingt. Jenseits eines ungefähr ostwestlich verlaufenden Weges, der den Wall hier nur unwesentlich verändert zu haben scheint, setzt die Befestigung aber erst einige 20 m weiter westlich wieder an, um dann 90 m weit nach Südosten zu verlaufen, ohne indessen den nordwestlichen Kopf des Grabenstettener Tales ganz zu erreichen. Diese merkwürdige Führung der Befestigung muß etwas eingehender beschrieben werden, um sie verständlich werden zu lassen. Der Besucher wird am besten zu folgen vermögen, wenn er von Norden her zunächst den Wall begeht, sich dann die Region um das angebliche Tor C besieht, zum Kopf des Grabenstettener Tales wandert und dann, dem von hier nach Norden führenden Weg folgend, den Heidengraben nochmals von Osten her betrachtet.

Der Geländesporn, der die S-förmige Führung des Heidengrabens zwischen dem erwähnten Wegdurchbruch und dem angeblichen Tor C bedingt, steht zwischen zwei gut erkennbaren Erosionsrinnen. Die östliche setzt westlich des Wegdurchbruchs als schwache Mulde an, biegt unmittelbar östlich des Walls – nun deutlicher ausgeprägt und kräftiger fallend – nach Südosten um und wendet sich 270 m weiter wieder nach Süden, um in den nordwestlichen Kopf des Grabenstettener Tales zu münden. Kurz zuvor nimmt sie ihre westliche Schwester auf. Diese hat ihren Ursprung weit im Westen, in der Flur »Rauhe Dicke«, und durchbricht den Heidengraben – zugleich ein wenig nach Südosten umbiegend – an der Stelle des angeblichen Tores C.

Unmittelbar östlich vor dem genannten Wegdurchbruch scheint die östliche Erosionsrinne die beiden von Norden kommenden Befestigungsgräben – wie bemerkt, ist nur der äußere Graben kenntlich – in sich aufzunehmen und in ihrem weiteren Verlauf als natürlicher äußerer Graben in der Befestigung miteinbezogen zu sein. Nun benützt zwar der Heidengraben-Wall den Geländesporn, vermeidet aber eine allzu starke Auswölbung nach Osten, um der Gefahr der Flankierung von Süden her zu entgehen; infolgedessen bleiben beträchtliche Teile des Sporn-Plateaus östlich außerhalb des Walls **(Abb. 41)**. Hier ist daher zu besserer Sicherung der Sporn als breite Berme angelegt, die wenigstens als schwache Einmuldung sichtbar bleibt (vgl. die **Abb. 42**). Nach Süden zu dürfte sie in den steilen Südhang des Geländesporns auslaufen, der ja allein genug Schutz geboten hat.

Das angebliche Tor C

Wie schon bemerkt, zwingt dieser Südhang den Heidengraben-Wall zu einer Wendung nach Westen. Er endet hier mit einer geringfügigen Verschleifung nördlich des Weges, der durch das angebliche Tor C führt; womöglich war dies der Anlaß für Hertlein, angesichts der hier eintretenden Wall-Lücke und Wall-Versetzung ein Tor anzunehmen. Jedoch reicht die Verschleifung gar nicht weit genug nach Westen, um mit dem von Süden kommenden Wall, der übrigens überhaupt nicht nach Westen abzubiegen scheint, eine »Zange« bilden zu können. Der gesamte Befund ist wahrscheinlich damit zu erklären, daß der Wall hier unterbrochen war, um dem über die westliche Erosionsrinne etwa bei der Schneeschmelze ablaufenden Wasser kein Hindernis zu bieten, das anders doch bei erster Gelegenheit weggerissen worden wäre. Demnach hätten wir hier kein Tor im üblichen Sinne, schon gar kein Zangentor, sondern eine Art von einfachem ›Wassertor‹ vor uns.

Das südliche Ende des Heidengrabens

Das südlichste, etwa 90 m lange Stück des Elsachstadt-Walls endet im Süden knappe 20 m vor dem mit steilen Flanken ausgestatteten nordwestlichen Kopf des Grabenstettener Tales. Eine über den Wallkopf hinausführende, etwas nach Osten ausbauchende Kante gegenüber der dem Wall östlich vorgelagerten Erosionsrinne, die hier einen natürlichen Graben bildet, deutet jedoch an, daß der Wall einmal weiter nach Süden und wahrscheinlich bis an die Talkante herangeführt war. Der moderne, in sanftem Bogen von Norden herankommende und zum »Lauereck« führende Weg mußte den Wall an dieser Stelle zerstören; vielleicht ist der Damm, auf dem dieser Weg die Mündung der beiden Erosionsrinnen überquert, aus diesem Material aufgeschüttet. Spuren eines Tores wird man an dieser Stelle vergeblich suchen.

Diese Vermeidung von Toranlagen im Heidengraben der Elsachstadt südlich von Tor B mag zunächst befremden, scheint sich doch der nordwestliche Kopf des Grabenstettener Tales, auf den die Befestigung zuläuft, als alter Aufgang geradezu anzubieten. Verfolgt man jedoch diesen Talkopf ein kurzes Stück nach Süden, so stößt man schon nach einigen 50 m auf eine das Tal querende Felsbarriere, die übrigens auch den nordöstlichen, hier abzweigenden Talkopf wenn nicht geradezu sperrt, so doch schwer zugänglich macht. In dem nordwestlichen Talkopf ist diese Felsbarriere erst in neuerer Zeit so weit abgearbeitet worden, daß ein bequemer Fußweg durchgeführt werden konnte. Beide Talköpfe waren also im Notfall leicht zu sperren und kamen für die Benützung mit Wagen überhaupt nicht in Frage. Zusammen mit den schon oben S. 54 behandelten Bedingungen des unteren Grabenstettener Tales ergibt sich daraus, daß wir in diesem Bereich kaum mit einem bedeutenderen Aufgang aus dem Elsachtal auf die Höhe des Heidengraben-Plateaus rechnen dürfen. Zugleich erklärt sich daraus, daß der westliche Steilhang des Grabenstettener Tales bis hin zum südlichen Ansatzpunkt des Heidengrabens im »Lauereck« keine Befestigung getragen hat, so wenig wie die Kante des Plateaus rund um das »Spitzige Felsle«, das die Straße mit einem weit ausholenden Bogen umfährt.

Der Heidengraben im »Lauereck«

Die südlichen Teile der Flur »Lauereck«, die ein flaches, früher einmal von Grabenstetten aus landwirtschaftlich genutztes und erst in jüngerer Zeit mit Fichten aufgeforstetes Plateau bergen, und der südwestlich anschließende »Fuchsberg« sind durch den Heidengraben im »Lauereck« abgeschnitten und damit aus dem befestigten Raum des keltischen Oppidums ausgeschlossen. Der Heidengraben im »Lauereck« gehört demnach zur äußeren Linie der Befestigungen des gesamten Oppidums, zugleich aber auch zur Befestigung der Elsachstadt.

Der Heidengraben im »Lauereck« führt vom Grabenstettener Tal in nordwestlicher Richtung auf rund 350 m Länge bis in den Kopf des sogenannten Lenninger Täle, in den er in sanftem Bogen einbiegt; zusammen mit der von dort nach Südwesten führenden Randbefestigung (siehe unten S. 100) bildet er hier das Tor D (S. 99). Das einst von Major Steiner aufgenommene und von Hertlein veröffentlichte Profil (Abb. 43) zeigt den bis zu 3 m Höhe erhaltenen Wall mit einer flachen, rampenförmigen (östlichen) Innenfront, auf der (westlichen) Außenfront ist ein Knick zu erkennen, bevor der westlich vorgelagerte, übrigens vielfach sehr viel spitzer ausgeprägte Graben ansetzt; Hertlein hat diesen Knick wohl mit Recht als Ergebnis des Mauerschuttes auf einer Berme gedeutet, die mindestens 5 m breit gewesen sein muß.

Im Süden setzt der Heidengraben im »Lauereck« unmittelbar auf dem Steilhang des Grabenstettener Tales an; sein Graben beißt in den Hang aus. Wenig nördlich der Plateaukante bricht der heutige Zugang zum »Fuchsberg« durch den Wall; leider erlaubt der Durchbruch nirgends einen Einblick in die Konstruktion des Walls. Ungefähr 280 m weiter nach Nordwesten ist die Befestigung fast ganz zerstört durch einen Weg, der sie im Westen begleitet und hier eine felsige Nase abschneidet, auf die sich der Wall einst gestützt haben muß; zugleich mußte dieser Weg nach Osten ausholen, um einen kleinen Klingenkopf zu überwinden. Nördlich dieser Störung setzt der Wall wieder ein, jetzt auf dem Rand einer der Plateaukante vorgelagerten, etwas tieferen Terrasse; der Graben scheint in dem erwähnten Klingenkopf ausgelaufen zu sein, denn er ist weiter nach Norden zu nicht mehr wahrzunehmen. Der Wall folgt dem Rand der genannten Terrasse und biegt sanft nach Nordosten zum inneren Ende des Tores D ein (Abb. 44).

Abb. 43 Schnitt durch den Heidengraben im »Lauereck«.

Tor D

Das Tor D wird, wie schon bemerkt, auf der südlichen Seite durch den einbiegenden Wall des Heidengrabens im »Lauereck«, auf der Nordseite durch den Ansatz eines Walls gebildet, der sich als etwas niedrigerer Randwall in allgemein südwestlicher Richtung ebenfalls auf dem Rand einer Terrasse fortsetzt, die der Plateaukante vorgelagert ist. Die die Torgasse flankierenden Wälle nähern sich einander allmählich und erreichen ihre kürzeste Distanz erst an ihrem nördlichen Ende; sie sind jedoch schon erheblich weiter südlich so weit auseinandergeflossen, daß die ursprüngliche Form der Torgasse ohne Ausgrabung nicht zu bestimmen ist. Immerhin legt der zutage liegende Befund die Annahme nahe, daß sich der Torverschluß erst am inneren – also nördlichen – Ende der Torgasse befunden haben dürfte, die übrigens von außen nach innen (also von Süden nach Norden) steigend verläuft und erst einige 30 m weiter nördlich das Plateau erreicht. Im ganzen gesehen wird man demnach das Tor D als ein den Gegebenheiten des Geländes angepaßtes Zangentor anzusprechen haben.

Unmißverständlich bezieht sich das Tor D auf einen alten Aufweg vom Elsach- und Kaltental her durch das sogenannte Lenninger Täle bis zur Hochfläche des Heidengraben-Plateaus, der übrigens bis in jüngste Zeit hinein noch als Weg benützt, durch das erst kürzlich wieder ausgebaute Forststräßchen vom Kaltentalhäusle bis zum südlichen Ende des Heidengrabens im »Lauereck« modernen Ansprüchen entsprechend ersetzt wurde. Der alte Aufweg hatte zwar unterhalb des Lauereck-Felsens einen kräftigen, für vorindustrielle Zeiten jedoch keineswegs ungewöhnlichen ›Stich‹ zu überwinden; er war aber zugleich

Abb. 44 Tor D, von Südwesten.

der kürzeste und vergleichsweise bequemste Zugang zum keltischen Oppidum und seinem Zentrum aus der Gegend von Urach. Seine Bedeutung erhellt auch, wie gleich zu zeigen sein wird, aus der Sicherung der vom Lenninger Täle nach Norden führenden, wenn auch steilen Seitenklingen zu beiden Seiten des Lauereck-Felsens; das steht in bezeichnendem Kontrast zu dem Fehlen sicherer Randbefestigungen am Westrand der Elsachstadt über dem Kaltental (dazu unten S. 102). Wahrscheinlich darf man auch zwei keltische Münzen, die im »Lauereck« innerhalb des Heidengrabens gefunden wurden, in diesem Zusammenhang sehen.

Die Randbefestigungen am Nordhang des Lenninger Täle

Die nördliche Torflanke des Tores D setzt sich als Wall auf dem Rand einer Terrasse in allgemein südwestlicher Richtung fort. Etwa 250 m vom inneren Ende des Tores D entfernt überquert dieser Randwall den

Kopf einer breiten Klinge, wendet sich nach Süden, um dann – in der Flur »Spechtensteig« – ein kleines Plateau oberhalb des Lauereck-Felsens in gerader Führung auszuschließen, und biegt wieder nach Norden bis in den Kopf der im Westen folgenden Klinge, der mit einem niederen Wall abgesperrt ist. Jedoch ist dieser Randwall, wie schon die Plan-Beilage zeigt, nicht konsequent durchgeführt. Etwas über 100 m südwestlich des Tores D läuft er auf der Kante des Steilhangs aus; erst etwa 90 m später setzt er wieder ein, um die erste Klinge zu durchqueren. Nach weiteren 80 m setzt er wieder aus, um 90 m weiter südwestlich von neuem zu beginnen. Bei der Begehung wird unmittelbar klar, daß der – übrigens in kurzer Entfernung von Tor D schon sehr niedere – Randwall immer dann aussetzt, wenn der natürliche Steilhang genügend Schutz bot und keine Notwendigkeit bestand, die Flanke einer Klinge zu schützen. Dementsprechend wird man auch das Ende dieser Randbefestigung im Kopf der Klinge westlich des Lauereck-Felsens deuten dürfen: sie wurde nur dort angelegt, wo man mit einer Umgehung des Tores D und des Heidengrabens im »Lauereck« ernstlich zu rechnen gehabt hätte.

Diese Einsicht läßt uns nun auch unmittelbar verstehen, warum weiter nach Südwesten zu bis zur südwestlichen Spitze der Elsachstadt (auf der Karte im Vorderdeckel der Punkt 672) keinerlei Randbefestigung mehr zu finden ist: Hier bot überall der natürliche Steilhang ausreichenden Schutz.

Der Westrand der Elsachstadt

Die dem Kaltental im Westen der Elsachstadt zugewandten Randpartien des Oppidums gehören zu den am wenigsten leicht zugänglichen Teilen des gesamten Heidengraben-Areals. Mit geringfügigen Ausnahmen ist dieser ganze Westrand des Plateaus mit Mischwald bestanden, verschiedentlich hindern Wildzäune den Zutritt erheblich. In den verschiedenen Klingen steht meist dichtes Jungholz, aus dem der einsame Besucher immer wieder Wild aufscheucht. Schon aus diesem Grund kann das Abgehen dieser Plateaukante, die in der Topographischen Karte 1:25 000 (Nr. 7422 Dettingen) etwas zu viel versprechend mit einem Fußpfad gekennzeichnet ist, kaum empfohlen werden. Außerdem aber glaube ich Neugierige beschwichtigen zu können: Trotz manch phantasievoller Beschreibung sind hier keinerlei Randbefestigungen zu finden; Ausnahmen sind unten beschrieben.

Der gesamte Westrand der Elsachstadt bildet einen von nur wenigen markanten Klingen unterbrochenen Steilhang gegen das Kaltental. In der Regel ist dem Plateaurand jedoch eine nur wenig tiefere Terrasse vorgelagert, an deren westlicher Kante erst der Steilhang beginnt. Mehrfach, so besonders im weiteren Umkreis der Quelle »in der Strangenhecke« (westlich der Flur »Rauhe Dicke«), finden sich mehrere derartige Terrassen, die besonders in der Arbeit von Braun und Wetzel (1904) ausführlich gewürdigt wurden. Nicht selten – so besonders in den nordwestlichen Teilen der Flur »Winkel« – verläuft auf dieser Randterrasse ein Weg, der etwas vertieft ist und infolgedessen den talseitigen Rand der Terrasse erhöht hervortreten läßt. Diese Randüberhöhungen sind vielfach für Reste von Randwällen gehalten worden. Dem aufmerksamen Beobachter wird jedoch nicht entgehen, daß die »Randwälle« ganz unmotiviert erscheinen und wieder verschwinden, jedenfalls keinerlei Bezug auf naheliegende Aufgangsmöglichkeiten durch die Klingen nehmen. Dasselbe gilt für die zahlreichen Terrassen bei der Quelle »in der Strangenhecke«; sie dürfen daher, so weit es sich im Einzelfall nicht doch um mittelalterliche Ackerterrassen handeln sollte, als natürliche Bildungen angesprochen werden. Genauere Beobachtung lehrt überdies, daß alle nach Westen abfallenden Klingen mit Ausnahme derjenigen, welche zwischen den Fluren »Winkel« und »Strangenhecke« liegt, von oben her zunächst mäßig abfallen, dann aber mit einem deutlichen Knick in den Steilhang übergehen und von da an nach unten so jäh abfallen, daß sie als mögliche Zugänge von vornherein auszuscheiden haben. Selbstverständlich sind sie alle, wenn auch mit erheblicher Anstrengung, »begehbar« im Wortsinn, aber selbst für anspruchslose Verkehrsverhältnisse denkbar ungeeignet und im Ernstfall leicht zu überwachen und zu sperren, ohne daß große Vorkehrungen vonnöten wären. Wenn man diese Zusammenhänge beachtet, fällt es nicht schwer einzusehen, daß der gesamte Westrand der Elsachstadt von dem oben genannten Punkt 672 im Südwesten bis zu der oben S. 78 im Zusammenhang mit dem Tor A besprochenen nordöstlichen Klinge des Kaltentals im allgemeinen keiner Randbefestigung in Form eines Randwalls bedurfte; da fast überall der Fels in geringer

Tiefe ansteht, ist auch kaum mit einem Palisadenzaun, allenfalls vielleicht mit einer Hecke zu rechnen.

Indessen sind mehrfach zwei Stellen genannt worden, an welchen wallartige Befestigungen vorliegen sollen. Etwa 250 m nordwestlich der Südwestspitze findet sich eine mit »Gumpenteich« bezeichnete Klinge. Hier führt entlang der Kante des Steilhangs quer über die Klinge ein schmaler und niederer Wall, der auf der südlichen Hälfte bergwärts – also östlich – von einer kräftigen Hohle – Holzrutsche? – begleitet wird. Zwar ist die nördliche Hälfte dieses Walls erheblich schwächer ausgeprägt; aber die Sperrung dieser Klinge wäre durchaus sinnvoll, weil sie in den unteren breiten, leicht zugänglichen Teil des Kaltentals mündet. Wir haben also gute Gründe, hier von einem Sperrwall zu sprechen.

Die zweite Stelle ist der Kopf der großen Klinge zwischen den Fluren »Winkel« und »Strangenhecke«. Hier liegt unmittelbar im Waldrand gegen Osten – also fast im Kopf der Klinge – ein unregelmäßig breiter und niedriger Wall, der noch die nordöstliche Ecke des Klingenkopfes mit umfaßt. Schon Hertlein aber hat bemerkt, daß er ganz aus Steinen besteht, und ihn deshalb mit Recht als Lesesteinwall bezeichnet.

Dieses Ergebnis wirft aber auch noch etwas Licht auf die oft erörterte Bedeutung des Kaltentals für die Zugänge zum Heidengraben, die wir oben S. 78 im Zusammenhang mit dem Tor A schon einmal streiften. Der Wanderer wird bemerken, daß sich das Kaltental nach Norden hin, vor allem von der Einmündung des Heiligenberg-Wässerle an fühlbar verengt; der Wegebau erfordert von hier weiter nach Norden auch heute immer wieder einigen Aufwand. Dies aber darf man für die Zeit des keltischen Oppidums keinesfalls voraussetzen: man benutzte nach Möglichkeit natürliche Wege, die möglichst keinen oder nur geringen Unterhalt kosteten. Beachtet man dann noch die oben S. 78 geschilderte, in Richtung auf Tor A nach Nordosten führende schmale Klinge, so wird der Schluß unausweichlich, daß der Weg das Kaltental aufwärts keinen leichten und damit viel begangenen Zugang zu dem keltischen Oppidum eröffnete. Damit stimmen unsere Beobachtungen zu den Randbefestigungen in vollem Umfang überein. Als wichtigster Zugang zum Heidengraben-Oppidum aus dem Erms- und Elsachtal muß demnach das sogenannte Lenninger Täle gelten, dessen Kopf durch das Tor D verschlossen – oder geöffnet – wurde.

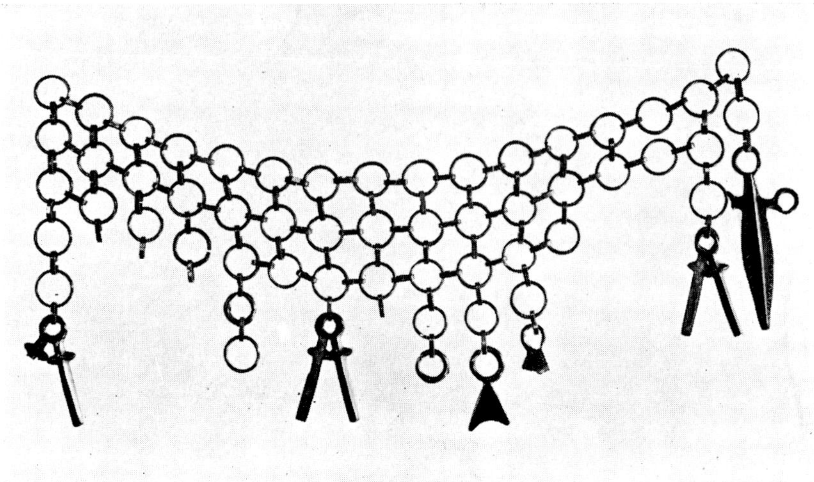

Abb. 45 Bronze-Gehänge der Urnenfelder-Kultur vom Hang des Hohenneuffen.

ZEUGNISSE DER SIEDLUNG

Ältere Siedlungsspuren

Auf dem Gebiet des keltischen Oppidums Heidengraben haben auch schon in älterer vorgeschichtlicher Zeit hier und dort Menschen gesiedelt. Seit der jüngeren Steinzeit gibt es immer wieder Scherben von Tongefäßen, die mindestens die Anwesenheit von Menschen bezeugen; ob diese Funde aber jeweils von einer Niederlassung stammen, die man ohne Vorbehalt als Siedlung bezeichnen darf, wissen wir ganz einfach deshalb nicht, weil keine dieser Fundstellen bisher gründlich untersucht wurde. Auf keinen Fall aber dürfen wir mit einer längeren Siedlungstradition, schon gar nicht damit rechnen, daß diese älteren Siedlungsspuren einen Siedlungskern belegen könnten, aus dem das keltische Oppidum dann erwachsen sei.

Die wenigen Streufunde der Jüngeren Steinzeit und der Bronzezeit des 2. vorchristlichen Jahrtausends verraten uns bisher nicht, ob es damals im Gebiet des Heidengrabens Siedlungen gegeben hat. Dagegen deutet das am Hang des Hohenneuffen gefundene Bronze-Gehänge der Urnenfelderzeit (Abb. 45) aus der Zeit um 1000 v. Chr. auf die Möglichkeit hin, daß damals auf dem Hohenneuffen eine Siedlung bestanden hat, die sicher in betonter Schutzlage angelegt, womöglich zusätzlich befestigt war; freilich besteht angesichts der über viele Jahrhunderte geführten Bauarbeiten an Burg und Festung Hohenneuffen kaum Aussicht, diese Vermutung einmal nachweisen zu können: wir müssen damit rechnen, daß die alten Siedlungsreste, wenn sie vorhanden waren, so gut wie vollständig beseitigt sind.

Aus der *Hallstattzeit* (8.–5. Jahrhundert v. Chr.) dagegen haben wir reichere und eindeutigere Besiedlungsspuren. Früh hat ein einst mindestens 22 Tumuli umfassendes, heute kaum mehr sichtbares Grabhügelfeld östlich vom Burrenhof Beachtung gefunden (Plan Abb. 46), das diesem erst 1838 entstandenen Hof den Namen gegeben hat: »Bur-

Abb. 46 Plan der hallstattzeitlichen Grabhügel beim Burrenhof.

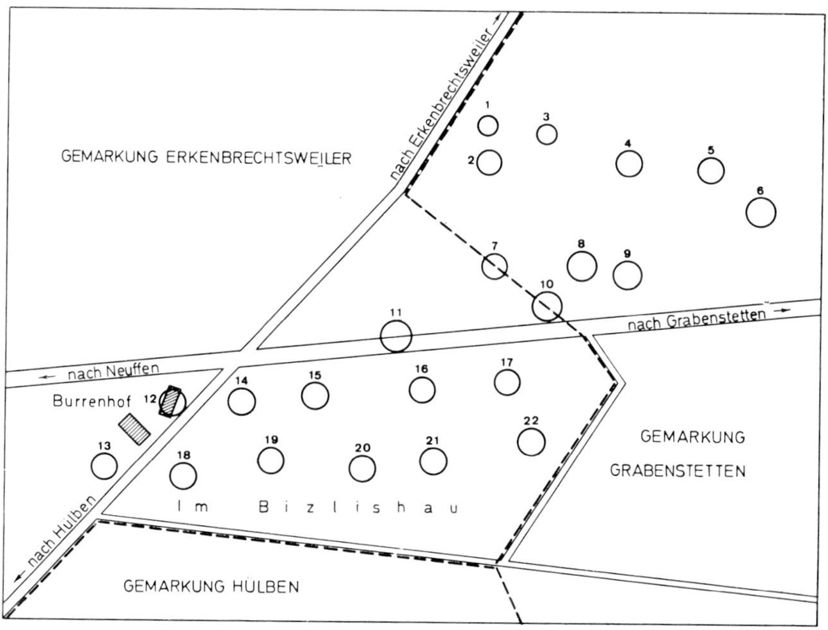

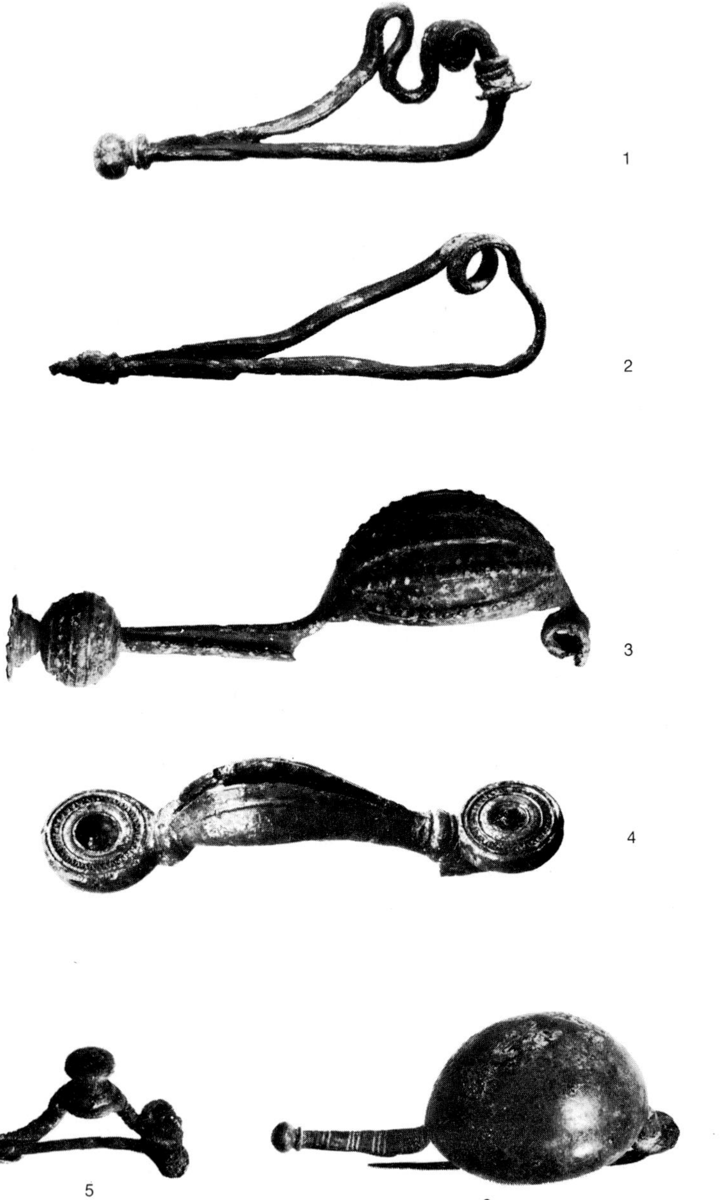

Abb. 47 Bronzene Fibeln aus den Grabhügeln beim Burrenhof (im einzelnen s. Fundliste S. 159).

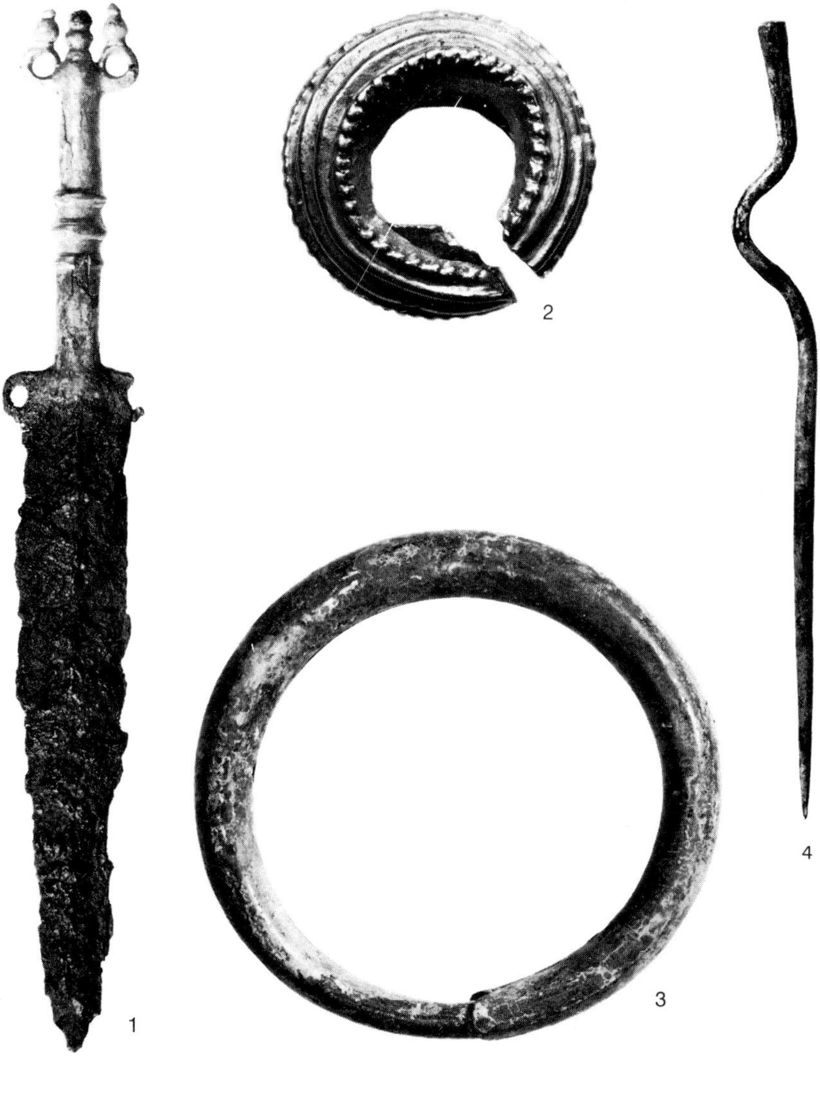

Abb. 48 Dolch und Schmuck aus den Grabhügeln beim Burrenhof (im einzelnen s. Fundliste S. 159).

ren« ist die mundartliche Bezeichnung für »Grabhügel«. Die Nekropole ist im 19. Jahrhundert mehrfach Gegenstand von Ausgrabungen gewesen, deren Funde aber nur zum Teil erhalten sind. Auch die Berichte über die Befunde sind sehr lückenhaft; was noch zu sichern war, hat Hartwig *Zürn* (1956) verdienstvoll zusammengestellt. Neben dem Schmuck, unter dem sich Fibeln **(Abb. 47)**, Armringe, ein goldener Ohrring und auch eine der nicht seltenen Kropfnadeln befinden **(Abb. 48)**, ist als besonders markante Grabbeigabe in Hügel 10 ein wahrscheinlich einst vierrädriger Wagen zu nennen, von dem als augenfälligstes Relikt noch die Nabe eines Rades **(Abb. 49)** erhalten ist. Dieser Fund ist jedoch aus mehr als einem Grund interessant. Ein Wagen als Grabbeigabe setzt auf jeden Fall voraus, daß der Tote in einer hölzernen Grabkammer beigesetzt war, die groß genug war, um auch den Wagen aufnehmen zu können. Solche Grabkammern, seit dem ausgehenden 8. Jahrhundert v. Chr. in Bayern allgemein üblich, kommen in Württemberg und Baden erst gegen Ende des 7. und vor allem im 6. Jahrhundert in Gebrauch. Sie sind ganz allgemein kennzeichnend für eine in sich freilich wiederum reich gegliederte Oberschicht, die ihre Toten in solchen Kammern – die jeweils ein Hügel umschloß – bestattete; dabei reicht das Ausstattungsspektrum von einfacher Wagenbeigabe bis zu den prunkvollen »Fürstengräbern« im Stil des ›Römerhügels‹ bei Ludwigsburg oder gar des

Abb. 49 Radnabe aus Holz, mit Bronzeblech beschlagen. Sie gehörte zu einem vierrädrigen Wagen, der in Hügel 10 beim Burrenhof gefunden wurde.

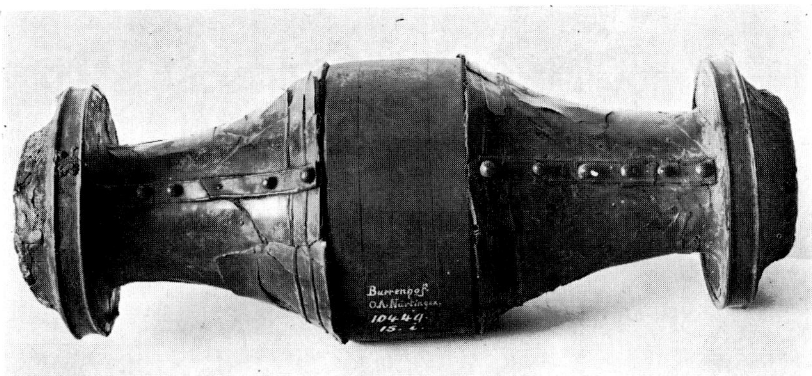

Abb. 50 Bemaltes Tongefäß aus dem Grabhügelfeld beim Burrenhof.

erst kürzlich untersuchten ›Grafenbühl‹ bei Asperg. Diesen hohen Rang innerhalb der sozialen Hierarchie jener Zeit hat unser »Herr vom Burrenhof« sicher nicht innegehabt, er dürfte zu den kleineren, noch ganz auf der Stufe des zu Kriegsdiensten vielfach herangezogenen Großbauern stehenden »landsässigen Herren« gehört haben. Wo er einst wohnte, können wir natürlich nicht wissen, und es muß eine nicht weiter zu belegende, wenngleich verlockende Vermutung bleiben, daß sein (vielleicht ›festes‹) Haus auf dem Hohenneuffen gestanden haben könnte. Im übrigen war er keineswegs der einzige Waffentragende in diesem Gräberfeld, wie der Dolch Abb. 48, zeigt, der zusammen mit dem bekannten, reich bemalten Gefäß Abb. 50 gefunden wurde; auch die ältere, noch ganz im Stil der sogenannten »Alb-Salem-Gruppe«

verzierte Keramik aus diesem Gräberfeld (Abb. 51) bezeugt, daß die hier Bestatteten in lebendigem Austausch mit ihrer engeren und weiteren Umgebung gestanden hatten.

Die Grabhügelgruppe am Burrenhof ist die einzige im Bereich des Heidengrabens, die leidlich gesichert ist. Aus Erzählungen von Ortseinwohnern – wohl aus Grabenstetten – hat Hertlein einen Grabhügel erschließen wollen, der etwa 150 m westlich von Tor »C« der Elsachstadt sich befunden habe; er berichtet (nach Erzählungen) von einem Steinring, in dem Asche, Scherben und Metallreste gelegen haben sollen; im Gelände ist der Hügel jedenfalls nicht mehr festzustellen. Ein noch sichtbarer »Hügel« am südöstlichen Ansatz der Klinge zwischen den Fluren »Winkel« und »Strangenhecke« (auf Markung Grabenstetten) besteht wahrscheinlich aus Lesesteinen, wurde aber dennoch oft als Grabhügel angesprochen – vermutlich zu Unrecht. Nicht mehr festzustellen ist 0,6 km östlich von Erkenbrechtsweiler ein von Major Steiner verzeichneter Grabhügel, aus dem zwei Bronzeschwerter (verschollen) stammen sollen.

Sieht man von einigen kaum genauer definierbaren Scherbenfunden ab, so bleibt bisher als einzige untersuchte Fundstelle die Siedlungsstelle am Westrand der Elsachstadt in der Flur »Strangenhecke«. Bei ihren Ausgrabungen im Jahre 1923 haben Rudolf Kapff und Walther Veeck hier sowohl im Wald als auch in unmittelbarer Nachbarschaft der etwas weiter westlich liegenden Quelle unter 30–40 cm Humus eine bis 40 cm mächtige, dunkle Schicht mit zahlreichen Scherben der Späthallstatt- und Frühlatènezeit (etwa 5. und 4. Jahrhundert v. Chr.) sowie der römischen Kaiserzeit festgestellt, die unmittelbar auf dem gewachsenen Felsen aufsaß. In dieser Kulturschicht hat sich eine Periodengliederung nicht abgezeichnet; auch war es den Ausgräbern unmöglich, Hausreste zu finden, die sie vermuteten. Die Unmöglichkeit, dies alles zu beobachten, führten sie auf spätere Rutschungen zurück, die alle Grenzen verwischt hätten. Ausdehnung und Charakter dieser Siedlungsniederschläge sind also leider nicht bekannt. Immerhin spricht die sehr große Zahl von Gefäßbruchstücken für eine gewisse Intensität der Besiedlung,

Abb. 51 Verzierte Tongefäße aus den Grabhügeln beim Burrenhof (im einzelnen s. Fundliste S. 160).

1

2

übrigens in beiden Perioden; aber wir können nicht sagen, ob diese Intensität nicht auch bei nur saisonaler Anwesenheit einer größeren Menschenmenge – etwa bei einem Fest – entstanden sein könnte.

Vielleicht darf hier eine in der wissenschaftlichen Literatur bisher nur mit einer knappen Notiz gewürdigte Grabenstettener Ortsüberlieferung angefügt werden, die wir Rudolf Kapffs handschriftlichem Bericht über die Ausgrabung im April 1923 entnehmen. Demnach wußte der damals 84jährige Johann Georg Götz aus Grabenstetten zu erzählen, »daß am Rand des Amtmannsteichs, wenige Schritte von der Quelle entfernt, genau am Rand des Herrschaftswaldes vor rund 50 Jahren eine etwa 40 cm hohe Götterstatue aus Bronce, einen vollbärtigen Mann darstellend, von Baumwurzeln herausgeschafft« und von Altertumshändler Kächele aus Grabenstetten weiterverkauft worden sei. Auch habe sein Vater schon vordem »im Wald Strangenheck« ein Grab ausgegraben, in dem »ein Frauenleichnam mit vielen schönen Nadeln gefunden« wurde. Über den Verbleib der Funde wußte Götz nichts anzugeben. Angesichts der Unbestimmtheit dieser Überlieferung hält es schwer, genauere Überlegungen daran zu knüpfen. Immerhin wird man bei der Statuette, deren Größe selbstverständlich auf einer Gedächtnisangabe des Erzählers und einer Umsetzung des Berichterstatters beruht, am ehesten an ein Objekt der römischen Kaiserzeit zu denken haben; das angebliche Frauengrab bleibt dagegen viel unsicherer. Vielleicht aber sind diese Notizen eines Tages einmal bei einer neuen Untersuchung von Nutzen, deshalb sollte man sie nicht untergehen lassen.

Die beiden Radnabenstifte oder Achsnägel **Abb. 52** gehören der Latène-Kultur an (5. Jahrhundert bis gegen Christi Geburt). Wahrscheinlich waren sie jeweils für einen jener zweirädrigen, vielfach prachtvoll mit bronzenem Beschläg versehenen Kampfwagen gefertigt, wie wir sie in größerer Zahl aus fürstlich ausgestatteten Gräbern keltischer Kriegsherren im Rhein- und Marne-Gebiet kennen; die Stifte hatten die Funktion, die Nabe und somit das Rad vor dem Ablaufen von der Achse zu bewahren. Unsere Exemplare waren indessen keine Grabbeigaben: beide sind Einzelfunde, »aus der Gegend von Urach« (Abb.

Abb. 52 Radnabenstifte aus der Gegend von Urach (1), aus der Erms bei Urach (2).

1

2

52, 1) und »aus der Erms bei Urach« (Abb. 52, 2) – möglicherweise absichtlich ins Wasser versenkt, also den Göttern geweiht. Paul *Jacobsthal* hat dieses Stück (Abb. 52, 2) in seinem grundlegenden Werk über die keltische Kunst zu den bezeichnendsten Beispielen seines »Plastischen Stils« gezählt. Der Stift Abb. 52, 1 dürfte, so weit der Kopf Auskunft zu geben vermag, in einem frühen Abschnitt der jüngeren Latène-Kultur und damit in einer Zeit entstanden sein, die sich mit der Gründung des Oppidums Heidengraben berühren könnte; die von Goessler und Jacobsthal gegebene Herkunft »von Grabenstetten« gewänne damit, wenn sie sich bestätigen ließe, erhöhtes Interesse.

Von diesem Stück abgesehen haben die bisher genannten Funde jedoch, und das wollen wir nicht aus den Augen verlieren, mit dem keltischen Oppidum nichts zu tun. Sie bezeugen lediglich, daß das Gebiet des Heidengrabens auch schon in älterer Zeit begangen und besiedelt war. So weit wir bisher zu sehen vermögen, geben sie keinen Hinweis auf die Gründe, die gerade hier zur Anlage eines Oppidums führten.

Siedlungsspuren aus der Zeit des keltischen Oppidums

Wie schon mehrfach bemerkt, gibt es aus der Zeit des Heidengraben-Oppidums, ungefähr dem späteren 2. und dem 1. Jahrhundert v. Chr., bisher nur sehr spärliche Funde und Hinweise auf eine einstige Siedlung. Bevor wir den Gründen für diese Merkwürdigkeit unsere Aufmerksamkeit schenken, wollen wir uns erst einmal den Funden selbst zuwenden (Abb. 53–55). Da ist zunächst das Schwertfragment Abb. 53, 1 zu erwähnen, das 1908 im Heidengraben beim Burrenhof unweit des Durchbruchs der Straße Neuffen–Burrenhof gefunden wurde, sichtlich von einem Schwert aus der jüngeren Latènezeit stammend. Ein weiteres Eisenschwert wurde um oder vor 1900 im Heidengraben südlich von

Abb. 53 Funde vom Heidengraben: Schwertfragment (1), Riemenzunge (2), Deichselring (3) und Radnabenstift (4).

1

2

3

4

Grabenstetten beim Durchbruch der Straße nach Hengen und Böhringen gefunden, ist aber schon lange verschollen. Im weiteren Sinne zur Waffenausrüstung der Oppidum-Zeit gehört auch der bronzene Gegenstand Abb. 53, 2), eine Riemenzunge, und zwar, wie Rolf *Nierhaus 1957* gezeigt hat, aus Böhmen; das Stück, leider nur als aus »Grabenstetten« stammend bekannt, zeugt also für weitreichende Beziehungen unserer Oppidum-Bewohner. Der eiserne Radnabenstift mit bronzenem Ringkopf Abb. 53, 4, und der bronzene Zügelring Abb. 53, 3 gehören beide zur Ausrüstung von Wagen jener Zeit; sie wurden zusammen mit dem kleinen Bronze-Fragment Abb. 54, 2, das uns noch beschäftigen muß, 40 m östlich von Tor A zufällig und bei einer Nachgrabung Hertleins 1908 gefunden, stammen also aus dem Inneren der Elsachstadt.

Der eben genannte kleine Gegenstand Abb. 54, 2, und das etwas vollständigere Stück Abb. 54, 3, von dem jedoch zweifelhaft ist, ob es tatsächlich vom Heidengraben stammt, sind kleine Füße von Bronzegefäßen, wie sie seit längerer Zeit schon in Italien hergestellt und wie sie vor allem im letzten vorchristlichen Jahrhundert auch über die Alpen transportiert wurden, um bei den Kelten Mitteleuropas Verwendung zu finden. Natürlich reichen die Füßchen nicht aus, um die Formen der Gefäße, zu welchen sie einmal gehörten, zu bestimmen; aber wir wissen, daß pfannenartigen, jedenfalls flachen und langgestielten Gefäßen und kräftigen Kannen und Bechern solche Füßchen angelötet waren. – Die eiserne Klammer Abb. 54, 6, die gleichfalls eiserne Fibelnadel Abb. 54, 5 und eine nicht geringe Menge von Scherben, vor allem aber über 1 kg Eisenschlacken stammen aus einem Aufschluß an der südwestlichen Innenseite des Elsachstadt-Walls, den Pfarrer Dr. Losch 1891 beobachtete (siehe auch S. 93); unbekannt ist die Fundstelle des kleinen Hämmerchens Abb. 54, 4. Anzufügen ist hier noch die Bronzefibel vom sogenannten Nauheimer Typus Abb. 54, 1, die in der Falkensteiner Höhle gefunden wurde.

Nun besteht ja, wie allgemein bekannt sein dürfte, die Masse vorgeschichtlicher Siedlungsfunde aus den Resten der damals gebrauchten Tongefäße – aus Scherben. Wie steht es damit beim Heidengraben? Sehen wir einmal von dem Bruchstück eines mit Graphit-Erde hergestellten Tongefäßes ab, das Hertlein 1906 in der Torgasse des Tores F beim Burrenhof gefunden hat und das wir als unzweifelhaft mittel- bis spätlatènezeitlich, also eindeutig »oppidumzeitlich« bezeichnen dürfen, so

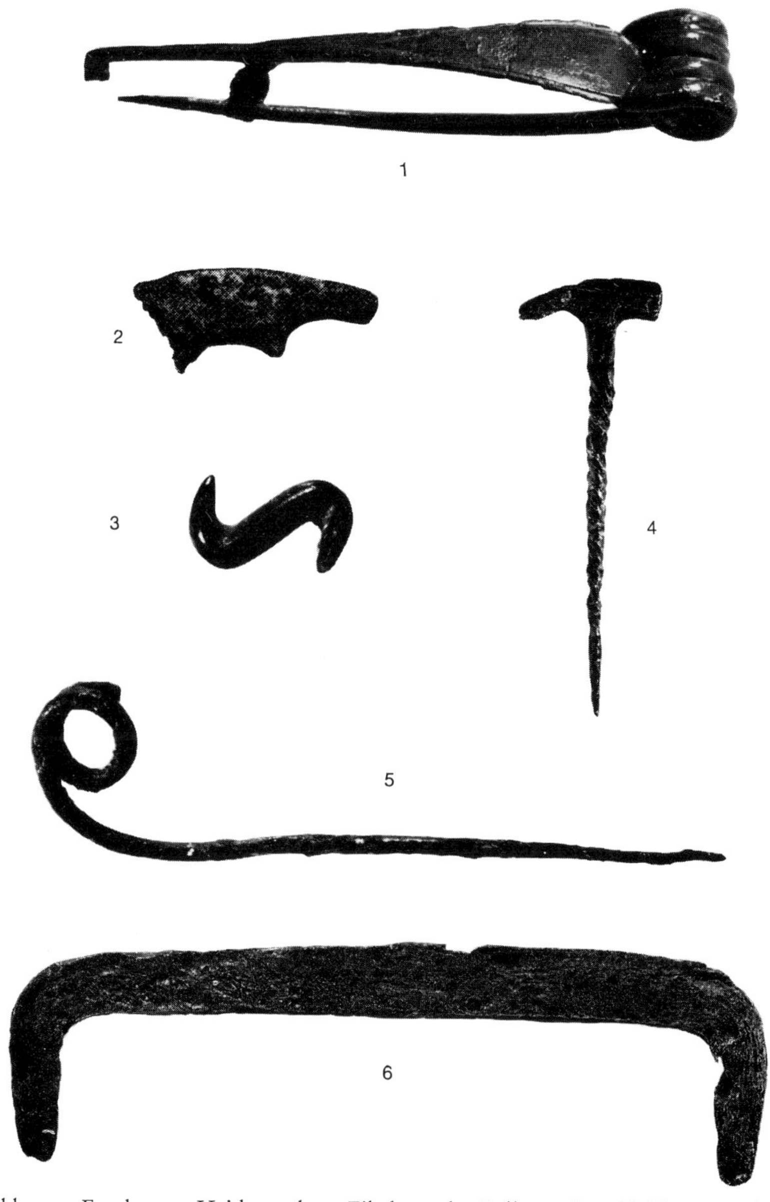

Abb. 54 Funde vom Heidengraben: Fibel aus der Falkensteiner Höhle (1), Füßchen italischer Bronzegefäße (2, 3), Hämmerchen (4), Nadel einer eisernen Fibel (5) und Mauerhaken (6).

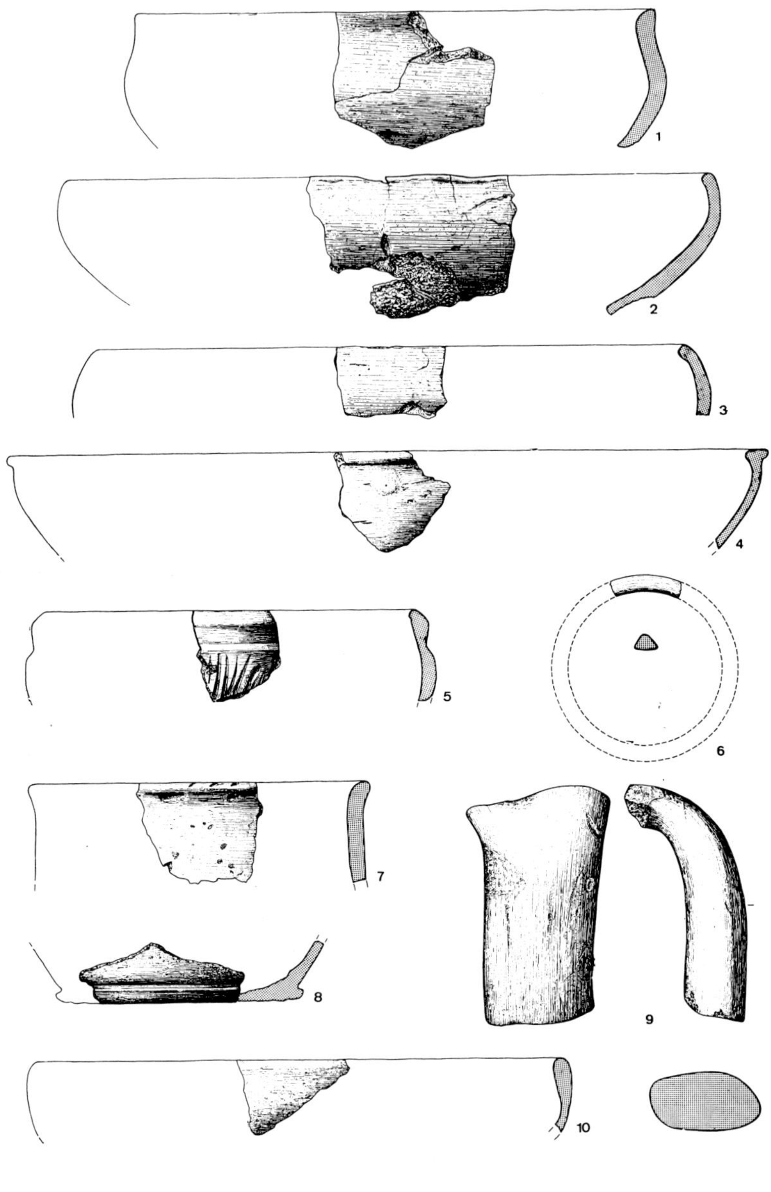

Abb. 55 Lesefunde aus der Elsachstadt. Aus der Zeit des Oppidums stammen die Scherben 5 und 8, das Glasarmring-Bruchstück 6 und der Henkel einer italischen Wein-Amphore 9 (vgl. das Beispiel **Abb. 56**).

gibt es bisher folgende kleinere Fundgruppen: Beim Durchschlag des Elsachstadt-Walls 100 m östlich von Tor A (siehe oben S. 84) hat Hertlein 1906 eine geringe Zahl kleinerer Scherben gefunden, die wahrscheinlich in die Oppidum-Zeit gehören; da sie aus der Befestigung selbst stammen, können wir sie aber kaum für di Siedlung in Anspruch nehmen. Schon genannt haben wir die Keramik, die Pfarrer Dr. Losch 1891 an der Innenseite des Elsachstadt-Walls nahe dem Parkplatz »Seelenau« (oben S. 18 Nr. 2, siehe auch S. 93) gefunden hat; wir bemerken hier nur kurz, daß sich darunter auch drei Stücke von Amphoren wie Abb. 56 befanden. Der Fuß einer solchen Amphore wurde, ebenfalls mit einheimischer Spätlatène-Keramik zusammen 1914 von Pfarrer Dr. Herrmann am Ort der nördlichen Torflanke von Tor B gefunden, die kurz zuvor weitgehend abgegraben worden war (oben S. 94). Außerdem sind verschiedentlich aus den westlichen Wiesengründen der Flur »Rauhe Dicke« (im Westen innerhalb der Elsachstadt) Scherbenfunde gemeldet worden. Neuere, vielfach wiederholte Nachsuche in der Elsachstadt, für die wir vor allem Pfarrer Thilo Dinkel in Kirchheim/Teck und Herrn Helmut Burkert auf Schloß Aglishardt zu danken haben, hat immer wieder einmal Scherben erbracht (Abb. 55); davon gehören aber in die Zeit des Oppidums sicher nur die Stücke Abb. 55, 5 (übrigens ohne Graphitbeimengung) und 8, ebenso aber das Fragment eines kobaltblauen Glasarmrings Abb. 55, 6, das im »Lauereck« östlich des dortigen Heidengrabens, also noch innerhalb der Elsachstadt gefunden wurde.

Unter diesen Funden im ganzen stammt der überwiegende Teil der Keramik (von der hier nur eine geringe Auswahl abgebildet ist) aus der Zeit des keltischen Oppidums; ältere und vielleicht auch jüngere Lesefunde (zum Beispiel Abb. 55, 1–4, 7, 10) können wir hier außer Betracht lassen. Besonderes Interesse verdienen aber die schon einmal kurz erwähnten Scherben großer Amphoren, zu welchen auch das kürzlich erst von Burkert nahe Tor B und innerhalb der Elsachstadt aufgelesene Henkelstück Abb. 55, 9 zählt. Als anschauliches Beispiel für diese ganze Gattung und auch die spezielle Form zeigen wir hier in Abb. 56 eine Amphore aus einem antiken Schiffswrak vor der ligurischen Küste nahe Marseille. In diesen Amphoren – der Name ist ursprünglich griechisch, in dieser Form aber erst im Lateinischen gebräuchlich, zugleich seit alter Zeit als Raummaß verwendet – wurde der Wein verschickt, den die Latifundien, die riesigen Landgüter Italiens produzierten; die

Abb. 56 Wein-Amphore aus Italien, aus einem antiken Schiffswrack an der ligurischen Küste bei Marseille geborgen.

Amphoren selbst wurden meist in gutseigenen Töpfereien hergestellt. Nach zuverlässigem Zeugnis waren die Kelten vor allem in Gallien besondere Liebhaber dieses Weins, und unsere süddeutschen Funde deuten darauf hin, daß auch die in unseren Landen ansässigen Kelten keine Kostverächter waren. Poseidonios von Apameia, ein berühmter Philosoph und Historiker, der im ersten Jahrzehnt des letzten vorchristlichen Jahrhunderts von Marseille aus ein Stück das Rhônetal aufwärts gereist ist, berichtet von dieser Wein-Liebe ausführlich; sie ging zuweilen so weit, daß die Händler für eine Amphore des begehrten Tranks einen

Sklaven einlösen konnten – ein wahrhaft lukratives Geschäft! In Süddeutschland gibt es nun solche Amphoren (beziehungsweise Reste davon) nicht nur in den Oppida wie eben dem Heidengraben, in Manching oder in Altenburg-Rheinau, sondern auch in einigen Viereckschanzen, die ja nach unserer heutigen Kenntnis Kultfeste verschiedenster Arten gesehen zu haben scheinen. Denkt man also bei Amphoren-Funden aus den Viereckschanzen unmittelbar an den oder die Konsumenten, so bei den Funden aus den Oppida doch auch an die Händler, die dieses kostbare Gut aus weiter Ferne herbeibrachten. Das fügt sich sehr gut zu den ebenfalls aus Italien stammende Bronzegefäßen (oben S. 116), die übrigens weitgehend beim festlichen Mahl und zum Weintrinken verwendet wurden, und unter dem Aspekt des Fernhandels auch zu der aus Böhmen stammenden Riemenzunge Abb. 53, 2.

Hier fordert aber noch eine weitere Fundgruppe unsere Aufmerksamkeit. Auf den Abb. 57–59 sind alle zur Zeit greifbaren keltischen Münzen vom Heidengraben selbst und aus seiner engeren Umgebung abgebildet (vollständiges Verzeichnis siehe S. 162 ff.). Schon lange ist aufgefallen, daß sich keltische Münzen am und um den Heidengraben häufen; das ist selbstverständlich nur in Relation zur übrigen Funddichte dieser Münzen im Lande zu sehen, die ja durchweg zufällige Lesefunde sind (einige Oppida Galliens haben, freilich bei Ausgrabungen, bis nahezu 2000 keltische Münzen geliefert!). Außerdem ist interessant, daß bei den hier abgebildeten Regenbogenschüsselchen (Abb. 57, 1, 2; 58, 1, 2, 4; 58, 1, 4–6; der Name beruht auf altem Volksglauben) verhältnismäßig hohe Münzgewichte auftreten, und zwar sowohl bei den großen, als »Stater« bezeichneten Stücken als auch bei dem Viertel-Stater Abb. 59, 1 »aus der Uracher Gegend«. Hohes Münzgewicht – selbstverständlich immer im Vergleich mit Münzen der gleichen Serie – gilt aber besonders bei keltischen Münzen als Zeichen für verhältnismäßig hohes Alter, und das bedeutet hier ungefähr: Prägung vor oder spätestens um 100 v. Chr. Andererseits belegen die silbernen Münzen wie z. B. die »Büschchen« Abb. 59, 4 aus der »Seelenau« und Abb. 59, 2 aus der Torfgrube bei Schopfloch, aber auch die »Kreuzmünzen« Abb. 58, 3 aus Dettingen und Abb. 59, 3 wiederum aus der Torfgrube bei Schopfloch (ein Münztypus, dem Karel *Castelin* seine neueste Studie gewidmet hat), noch mehr aber die Potin-Münzen Abb. 57, 5 von der »Seelenau« und Abb. 58, 5 von Dettingen, daß im Gebiet des Heiden-

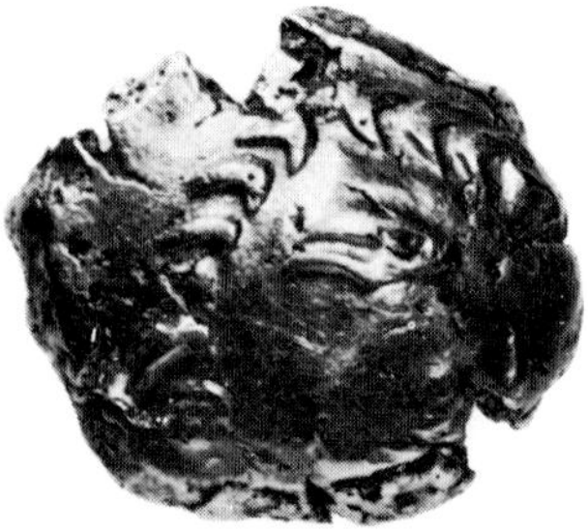

1

2

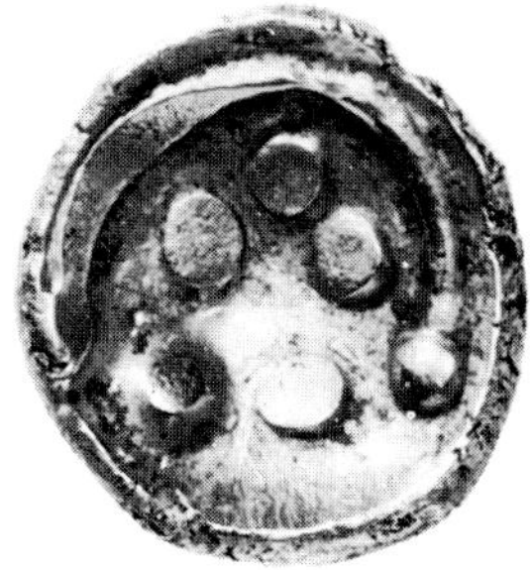

3

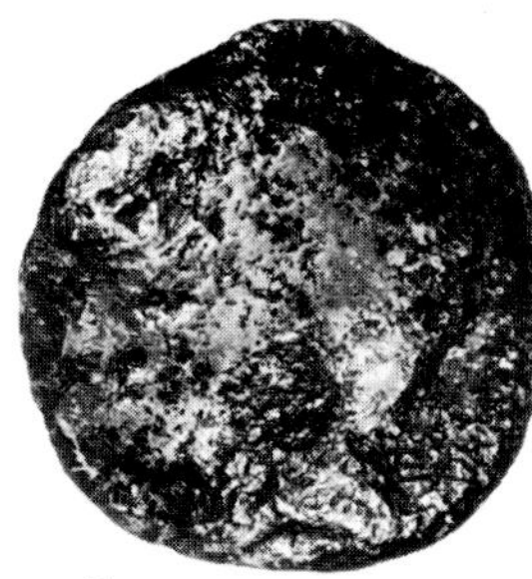

4

5

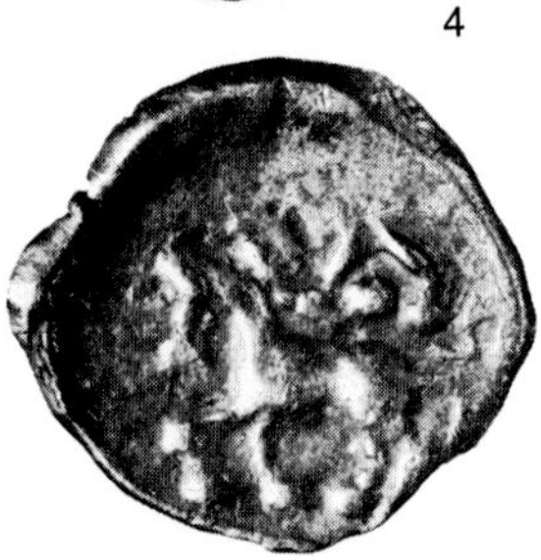

grabens noch um, vielleicht sogar noch nach der Mitte des letzten Jahrhunderts v. Chr., also noch nach den gallischen Feldzügen Caesars, Handel, Geschäft und Produktion blühten. Schließlich ist noch auf die Vielfalt der Prägungen hinzuweisen: Auch wenn wir in keinem einzigen Fall den Prägeort, nur in einigen Fällen die Präge-Region kennen, belegt dies einmal mehr die außerordentliche Vielseitigkeit der Handelsbeziehungen unseres Oppidums.

Diese Zeugnisse für einen recht lebhaften Fernhandel lassen den Heidengraben nun als eine Station in einem von Gallien bis nach Böhmen und Mähren gespannten Netz von Verkehrs- und Handelsbeziehungen erkennen, als einen Ort, der auch – seiner geographischen Lage bezüglich anderer keltischer Oppida entsprechend (siehe die Karte Abb. 61 S. 128) – vermittelnde Funktionen ausgeübt haben dürfte. Im näheren Umkreis werden wir vor allem eine Aufgabe als Markt anzunehmen haben. Die Belege für diese vielfältigen Beziehungen sind überraschend zahlreich, wenn man sie an dem Gesamtvolumen der Funde mißt, die wir bisher überhaupt vom Heidengraben kennen. Wir haben daher gute Gründe für die Vermutung, daß wenigstens innerhalb der Elsachstadt, die bisher trotz aller Zufälligkeiten die meisten Funde geliefert hat, eine Siedlung bestanden haben muß, in der sich dies alles abgespielt hat: Verhandlungen mit von weither gekommenen Händlern, Markt, vielleicht auch Werkstätten von ortsansässigen Handwerkern, die vor allem das jetzt allgemein für die Landwirtschaft benötigte Eisengerät herstellten. Wie wir uns diese Siedlung vorzustellen haben, vermag uns vorläufig das Beispiel Manching zu lehren: langgestreckte, auf einen Weg oder eine Straße ausgerichtete und bezogene Holzgebäude, in welchen wir uns die verschiedenen Werkstätten, vielleicht auch kleinere Herbergen zu denken haben. Aber selbstverständlich wird erst eine vom Glück begünstigte Aufdeckung dieser Siedlung selbst klare Auskunft geben können.

Vielleicht sollten wir uns in diesem Zusammenhang auch daran erinnern, daß im Westen der Flur »Rauhe Dicke« vor vielen Jahren schon Eisenschlacken gefunden wurden (Rieth 1942), die offensichtlich von

Abb. 57 Keltische Münzen vom Heidengraben: Regenbogenschüsselchen (1, 2), Silbermünzen (3, 4), Potin-Münze (5). Doppelte Größe.

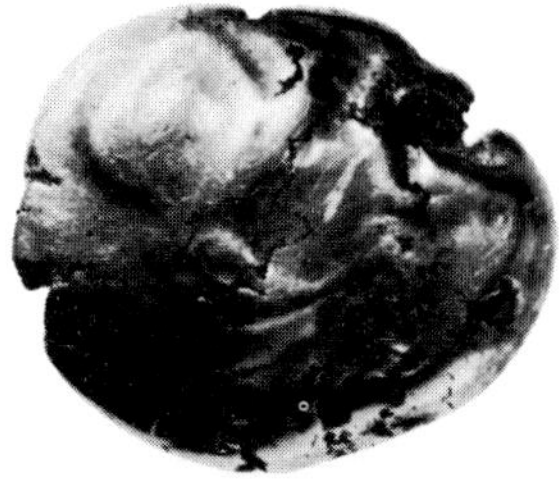

1

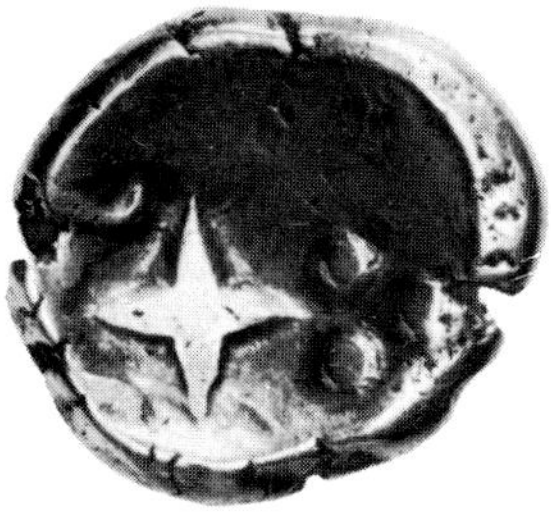

2

3

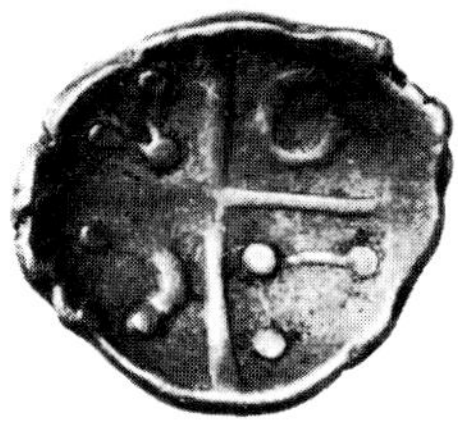

4

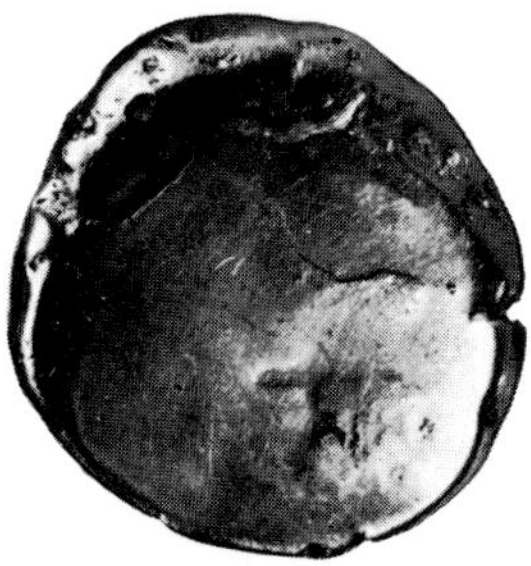

5

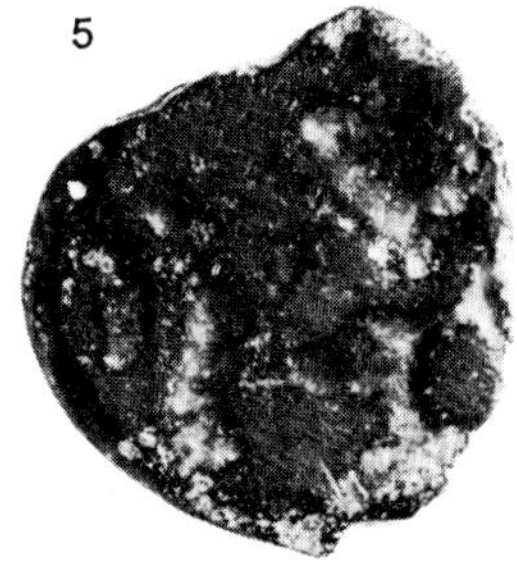

der Verhüttung der allenthalben in der Nähe verfügbaren Bohnerze stammten; auf ähnliche Funde im Bereich östlich des Heidengrabens im »Lauereck« wies mich freundlicherweise Burkert hin. Selbstverständlich läßt sich nur mit großem Vorbehalt vermuten, daß diese Schlacken von Oppidum-zeitlichen Verhüttungsstätten stammen; von dem Schlacken-Fundplatz in der »Rauhen Dicke« wurden seinerzeit jüngerlatènezeitliche Scherben, freilich auch Terra sigillata, also Tongeschirr der römischen Kaiserzeit gemeldet, und ohne eine Untersuchung und glückliche Fundumstände ist eine überzeugende Zuweisung nicht zu erhoffen. Aber im ganzen würden solche kleinere Verhüttungsöfen zum Bild unseres Oppidums recht gut passen. In dem Oppidum Alkimoennis bei Kelheim, an der Mündung der Altmühl in die Donau, ist eine Eisenverhüttung zur Zeit des Oppidums in fast schon industriellem Umfang festgestellt worden, und wir müssen uns immer vor Augen halten, daß der Bedarf an Eisen in jener Periode sicher nicht gering war.

Wenn es also viele und durchweg sehr stichhaltige Gründe für die Annahme gibt, daß im Bereich der Elsachstadt einmal eine Siedlung existiert hat, gewissermaßen der Kern des ganzen Oppidums, dann fragt man sich natürlich doch immer wieder, warum es dann bisher so sehr wenige Funde gibt. Hier gibt es gewiß der Möglichkeiten viele, die sich alle aus Beobachtungen an anderen Orten ergeben, wo bei vorheriger »Fundleere« bei der ersten, tiefer reichenden Ausgrabung die Siedlungsreste plötzlich klar und unmißverständlich zutage traten. Es ist aber unmöglich, deshalb zu behaupten, daß das auch hier der Fall sein muß. Wir haben uns damit zu begnügen – und ich meine, das ist schon gar nicht wenig! –, daß alle Anzeichen für unsere Vermutung sprechen und daß wir uns bis zum sicheren Beweis des Gegenteils nicht für widerlegt zu halten brauchen.

Abb. 58 Keltische Münzen aus Dettingen, Kr. Reutlingen: Regenbogenschüsselchen (1, 2, 4), Silbermünze (3) und Potin-Münze (5). Doppelte Größe.

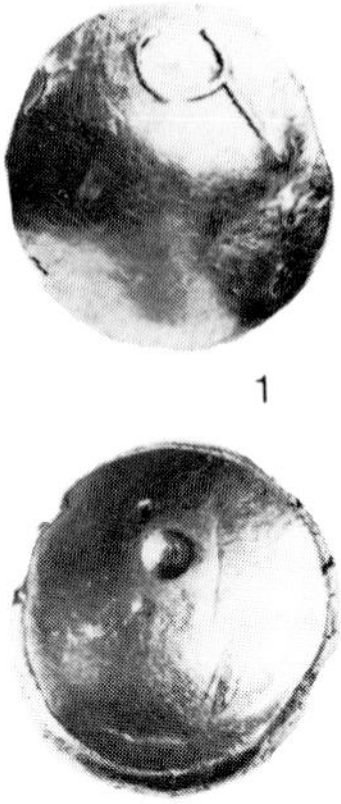

1

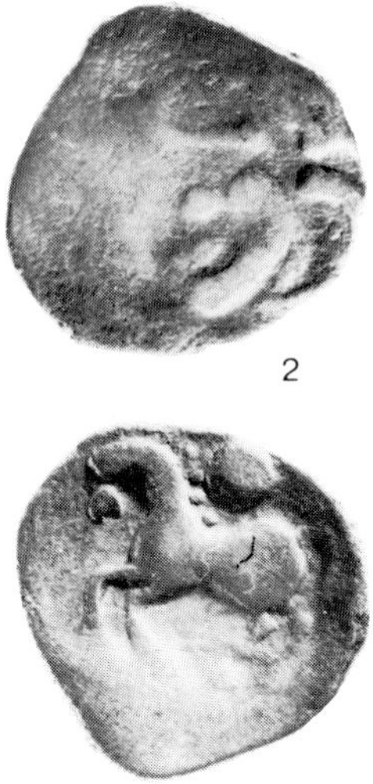

2

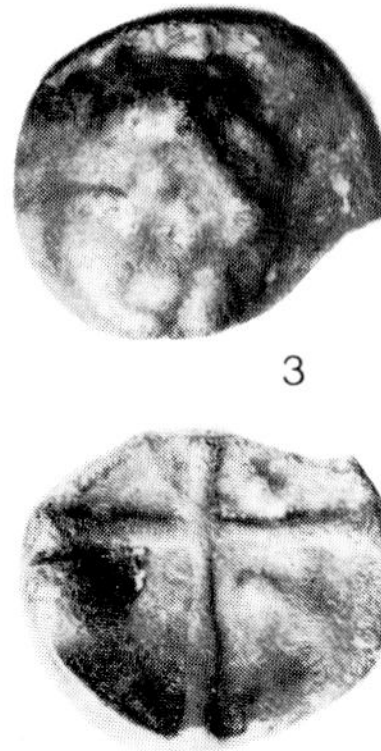

3

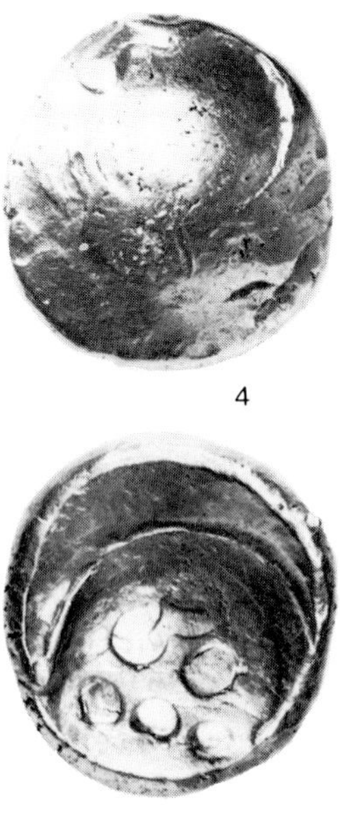

4

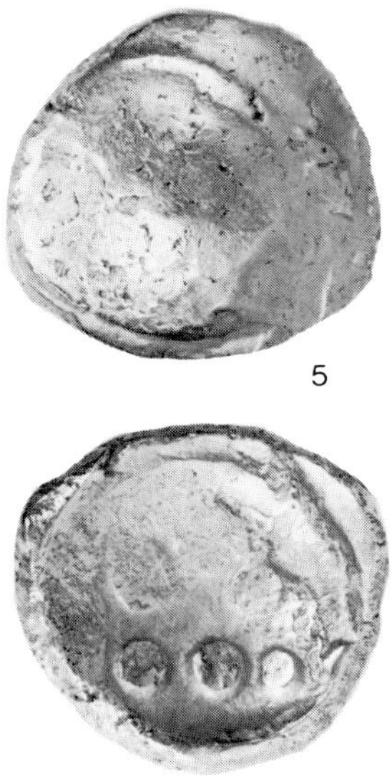

5

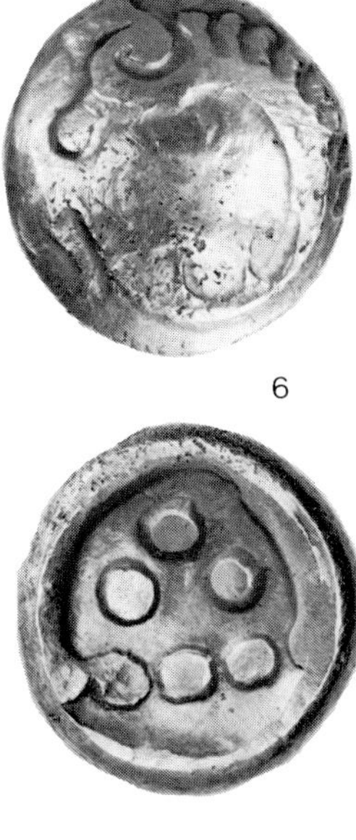

6

Abb. 60 Münzschmelzformen aus Ton, aus dem Oppidum von Altenburg-Rheinau am Hochrhein unweit Schaffhausen. In diesen Formen wurden wahrscheinlich Schrötlinge für Silber-Münzen geschmolzen.

Abb. 59 Keltische Münzen aus der weiteren Umgebung des Heidengrabens: Regenbogenschüsselchen (1, 4–6) und Silbermünzen (2, 3). Doppelte Größe.

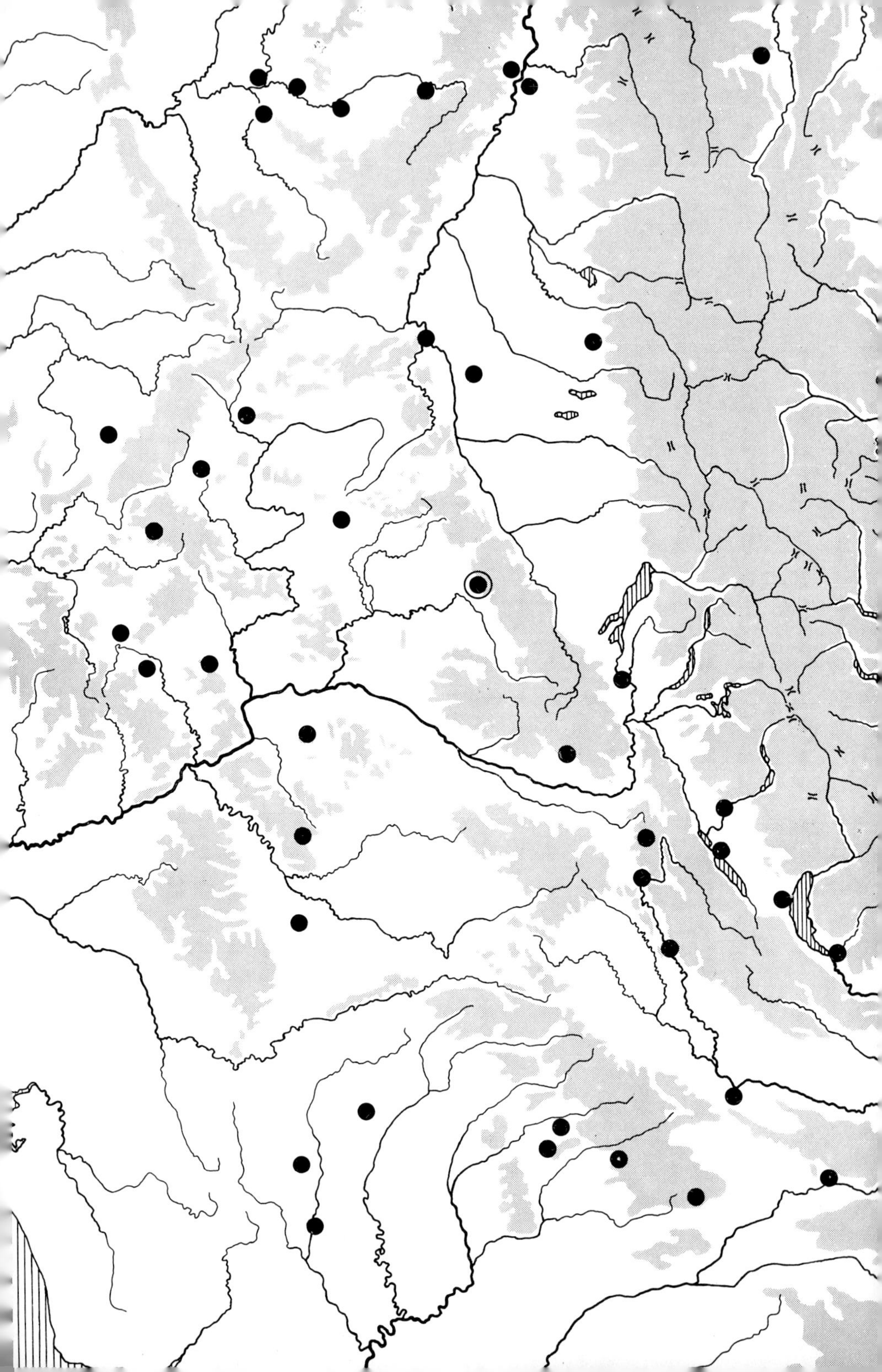

DAS OPPIDUM HEIDENGRABEN IN DER GESCHICHTE

Die Kelten gehören zu den ältesten Völkern Europas, die die Überlieferung kennt. Um 500 v. Chr. galten sie Hekataios von Milet als ein großes Volk im Westen Europas, zugleich als binnenländische Nachbarn der Ligurer, die an der französischen Mittelmeerküste wohnten. Um einige Jahrzehnte älter ist eine anonyme Quelle Herodots, die den Namen »Kelten« für Stämme an der portugiesischen Atlantikküste bezeugt. Auf ihren von der Überlieferung erhellten Wanderzügen, die mit dem Einfall nach Italien im Laufe des 5. Jahrhunderts v. Chr. begannen und in verschiedenen Vorstößen Donau-abwärts bis nach Griechenland und Thrakien, ja bis nach Kleinasien ihre Fortsetzung fanden, traten die Kelten als ein klar umrissenes Volkstum auf; wenigstens bedingt muß dies auch schon auf frühere Wanderzüge zutreffen wie denjenigen in den Westen der Iberischen Halbinsel, vielleicht auch nach Britannien, die wir nur erschließen können.

Seit der Antike wird diskutiert, wo die Heimat der Kelten zu suchen sei. Wenn wir uns die Ergebnisse der Vergleichenden Sprachwissenschaft zunutze machen wollen, müssen wir unter »Heimat« dasjenige Gebiet verstehen, in dem sich die keltische Sprache zuerst von älteren sprachlichen Zuständen abgelöst und als eine – natürlich nur relativ zu verstehende – Einheit ausgebildet hat. Dieser Raum umfaßte Süddeutschland und weite Teile Ost- und Nordfrankreichs, wahrscheinlich auch die westlichen Gebiete Böhmens und Oberösterreichs. Wann dieser Prozeß begonnen hat, ist kaum zu bestimmen. Wegen der schon im 6. Jahrhundert in Portugal belegten Kelten wird man damit jedoch kaum viel – wenn überhaupt – über die Wende vom 2. zum 1. Jahrtausend vor Christi Geburt herabgehen dürfen.

Für die Kelten des europäischen Festlandes haben das 6. und das 5. Jahrhundert v. Chr. besondere Bedeutung gewonnen. Aus noch un-

Abb. 61 Die keltischen Oppida in Mitteleuropa.

geklärten Gründen haben damals die keltischen Bewohner Südwestdeutschlands und Ostfrankreichs, also von Teilen des altkeltischen Kerngebietes ihre Beziehungen zu den griechisch und etruskisch bestimmten Regionen Südfrankreichs und Italiens in einer ganz eigenartigen Weise intensiviert. Wesentliche Elemente altmediterranen Lebens wie die stadtartige Siedlung mit der charakteristischen Konzentration der Handwerker, die hier ausschließlich ortsgebunden arbeiteten, haben damals zuerst Eingang in Mitteleuropa gefunden. Die Burgsiedlungen und »Fürstengräber« der späten Hallstattzeit in Südwestdeutschland, in der Schweiz und in Ostfrankreich sind die beredtesten Zeugen dieses faszinierenden Vorgangs, den die aus Lehmziegeln gebaute Mauer der Heuneburg an der oberen Donau wie mit einem Schlaglicht beleuchtet. Freilich endete diese Periode im Laufe des 5. Jahrhunderts fast abrupt, und der Verdacht, daß dies mit der Kelten-Invasion in Italien unmittelbar, vielleicht sogar ursächlich zusammenhängt, ist nicht von der Hand zu weisen. Vielleicht das wichtigste und für uns nächstliegende, wenngleich in seinen Anfängen noch immer reichlich dunkle Ergebnis dieser Beziehungen ist die Geburt eines gewissermaßen national-keltischen Kunststils, den wir nach einer berühmten Fundstelle am Neuenburger See, *Latène*, zu nennen pflegen. Dieser Latène-Stil greift figürliche Ziermotive der griechischen und etruskischen Kunst des 6. Jahrhunderts auf, bildet sie jedoch sogleich in einer ganz spezifischen und jedenfalls originellen Weise um; ähnliches wiederholt sich Jahrhunderte später, als die Kelten beginnen, Münzen Philipps II. von Makedonien und einiger Griechenstädte (vor allem des Westens) nachzuprägen. Die Umbildung der klaren, unmißverständlichen Vorbilder ins schließlich rein Ornamentale zeugt von einer eigenartigen, kaum gezügelten Phantasie, die jedenfalls anderen Gesetzen als die Kunst der großen mediterranen Kulturvölker gehorchte.

Die Wanderungen der Kelten haben jahrhundertelang das alte Heimatgebiet dieses Volkes den Augen der antiken Beobachter entzogen. Als diese Gebiete dann mit und im Gefolge von Caesars Eroberung Galliens binnen weniger als drei Generationen erschlossen wurden, fanden sie weniger bei den Gelehrten als bei den Militärs und der Verwaltung des Imperium Romanum Interesse; infolgedessen ist die Überlieferung über die rechtsrheinischen Anteile des alten keltischen Kerngebiets sehr dürftig. Überdies galt dieser Raum spätestens seit Caesar als Teil der *Germania,* und als Heimat der Kelten wurde fast widerspruchslos das von Caesar unterworfene Gallien angesehen.

Die Spärlichkeit der antiken Nachrichten über die rechts des Rheins gelegenen Gebiete der alten keltischen Heimat hat aber möglicherweise noch andere, und zwar ganz konkrete Hintergründe. Um mit den archäologischen Zeugnissen zu beginnen: Schon lange ist aufgefallen, daß die latènezeitlichen Funde in Südwestdeutschland für die Zeit vom ausgehenden 5. bis gegen Ende des 1. Jahrhunderts v. Chr. eine gewisse Unruhe, zugleich einen weitgehenden Mangel an Siedlungskontinuität andeuten; im Gegensatz zu dem benachbarten Bayern, aber auch zur Schweiz, fehlen größere Gräberfelder ganz, die eine gewisse Dauer der zugehörigen Siedlungen vermuten lassen könnten. Das entspricht eher dem Zustand älterer vorgeschichtlicher Zeit, der für ganz Europa nördlich der Alpen bezeichnend ist. Er findet aber vielleicht seine Erklärung in einigen Vorgängen, die sich wenigstens schattenhaft aus der trümmerhaft-spärlichen Überlieferung ablesen lassen.

Tacitus bemerkt in Kapitel 28 seiner »Germania«, einst hätten die Helvetier das Gebiet *inter Hercyniam silvam Rhenumque et Moenum amnes* innegehabt. Dem entspricht die *Helvetier-Einöde* in Südwestdeutschland bei Ptolemaios Geogr. II 11, 6. Schließlich stimmt dazu auch die Angabe bei Cassius Dio, Hist. Rom. XXXVIII 33, jene Helvetier, die sich im Sommer des Jahres 58 v. Chr. nach der Niederlage ihres Stammes vor Bibracte der Unterwerfung unter Caesar zu entziehen versuchten, seien in Richtung auf den Rhein zu geflohen, um *in ihre alte Heimat* zu gelangen. Diesen klaren Zeugnissen widerspricht aber, daß Caesar von einer alten rechtsrheinischen Heimat der Helvetier kein Wort sagt; im Gegenteil, von Anfang an kennt er sie ausschließlich in linksrheinischen, ausdrücklich von dem großen Strom begrenzten Wohnsitzen in der heutigen Schweiz. Überdies formuliert er als Fluchtziel der erwähnten Helvetier, die dem Rhein zueilten, *fines Germanorum* (b. G. I 27, 4), und damit stimmt auch die Begründung für seinen Befehl an die Helvetier überein, von Bibracte aus in das Gebiet zurückzukehren, aus dem sie gekommen seien: er wolle nicht, daß dieses Gebiet entvölkert bleibe, damit nicht die *Germani qui trans Rhenum incolunt* um des guten Ackerlandes willen aus ihrem Lande in das Gebiet der Helvetier eindrängen und damit Nachbarn der *provincia Gallia* (Narbonensis) und der (dort wohnenden) Allobroger würden (b. G. I 28, 4). Ferner paßt das gut zu der von Caesar wiederholt vorgetragenen Meinung, der Rhein scheide Gallien und Germanien, und jene keltischen Volcae Tectosages, die rechts des Rheins in den fruchtbaren Gefilden um die *Hercynia silva* wohnten, seien einst aus Gallien dorthin ausgewandert (b. G. VI 24).

Diesen Widerspruch hat die gelehrte Forschung im wesentlichen übereinstimmend mit der Annahme aufgelöst, daß die Nachrichten über rechtsrheinische Wohnsitze der Helvetier aus einer älteren Zeit stammten, und daß sich in der Abfolge dieser Überlieferungen eine allmähliche Abwanderung der Helvetier aus Südwestdeutschland in das Schweizer Mittelland bis zum Genfer See spiegele. Als Ursache hierfür wurden immer wieder der Kimberndurchzug und der Druck jener Germanen angeführt, deren Spitze unter dem Sweben Ariovist seit dem Jahre 72 v. Chr. am Oberrhein stand und von dort aus geschickt und wirksam in die innergallischen Händel eingriff, bis Caesar Ariovist im Herbst das Jahres 58 v. Chr. im Elsaß vernichtend schlug und damit diesem Druck fürs erste ein Ende setzte. Für die Geschichte des Kimbernzuges ist auch oft – wenngleich nicht unwidersprochen – auf eine von Strabo (Geogr. VII 2, 2) überlieferte Angabe des Poseidonios verwiesen worden, die Teutonen seien ein Teilstamm der Helvetier gewesen; dazu wurde als Beleg für die einstigen Wohnsitze der Teutonen der bekannte römische Grenzstein von Miltenberg am Main mit der Inschrift *inter Toutonos* herangezogen. Eben dies aber scheint einer vom älteren Plinius (Hist. nat. XXXVII 35) überlieferten Nachricht zu widersprechen, wonach der Massaliote Pytheas etwa zur Zeit Alexanders d. Gr. auf seiner großen Nordlandreise Teutonen an der Nordsee getroffen habe. Für die Erklärung, ja für die Auflösung dieses Widerspruchs gibt es mehrere Möglichkeiten, ohne daß deshalb eine der beiden Angaben als irrig verdächtigt werden müßte. Es bleibt aber in jedem Fall eine Verbindung des Kimbernzuges mit dem alten, südwestdeutschen Helvetiergebiet, weil verschiedentlich helvetische Kontingente, die in keiner Weise mit der Teutonen-Geschichte verknüpft sind, sich an diesem Unternehmen beteiligt haben, ohne aber das Schicksal von Kimbern und Teutonen zu teilen. Als wahrscheinliche Berührung Südwestdeutschlands ist schließlich noch der Durchzug einer Gruppe von angeblich 32 000 Boiern zu erwähnen, die sich laut Caesar (b. G. I 5, 4) zuvor in Noricum aufgehalten hatten und sich dann dem Auszug der Helvetier im Jahre 58 v. Chr. anschlossen.

Mochten diese überlieferten Vorgänge die Hypothese einer frühzeitig einsetzenden Abwanderung der Helvetier aus ihren älteren Stammessitzen in Südwestdeutschland glaubwürdig und verständlich erscheinen lassen, so gab es andererseits schon immer auch von archäologischer Seite Zweifel daran, daß dies im Sinne einer wenn auch allmählichen, so doch massiven Bevölkerungsverschiebung vor sich gegangen sei. In der Schweiz, wo man wegen einiger etwas undurchsichtiger Nachrichten eine in diesem Zusammenhang erfolgte Verdrängung der keltischen Sequaner annehmen zu müssen glaubte, wurde schon früh bemerkt, daß die archäologischen Funde so umfangreiche Verschiebungen nicht erkennen lassen. In Südwestdeutschland war man lange Zeit geneigt, in der statistischen Abnahme des Fundstoffs vom 4. und 3. ins 2. und 1. Jahrhundert v. Chr. eine Bestätigung der Abwanderungshypothese zu sehen. Dabei blieben aber die zahlreichen, zeitlich nur schwer genauer bestimmbaren Siedlungsfunde ganz außer Betracht, und vor allem wurde noch nicht genügend berücksichtigt, daß die zahlreichen keltischen Viereckschanzen – offensichtlich Stätten kultischer Feste – gerade in die Zeit der angeblichen Abwanderung und Entleerung fallen, in Wahrheit aber eine Siedlungsdichte belegen, wie sie selbst für ältere, von der Abwanderung sicher noch nicht betroffene Perioden kaum unmittelbar nachweisbar ist. Ungefähr in die gleiche Zeit gehören aber auch die keltischen Oppida; auch wenn ihre Zahl sehr klein ist, so verträgt sich ihre Existenz doch wohl nicht recht mit der Vorstellung, daß eben zu dieser Zeit eine umfangreiche Abwanderung stattgefunden habe. Schließlich ist auch noch darauf zu verweisen, daß es bisher keinerlei germanische Funde vorrömischer Zeit aus Südwestdeutschland gibt; hier wird man freilich berücksichtigen müssen, daß die Germanen, von denen in vorrömischer in Südwestdeutschland überhaupt die Rede sein könnte, durchweg nicht (oder noch nicht wieder) im eigentlichen Sinne seßhaft waren, so daß sie sich nach einer alten Erfahrung archäologisch gar nicht zu erkennen geben brauchen.

Hier müssen wir aber noch einmal etwas genauer auf die Oppida eingehen (siehe auch die Karte Abb. 61). In Südwestdeutschland kennen wir insgesamt vier: Altenburg-Rheinau wenig unterhalb des Rheinfalls bei Schaffhausen in einer riesigen Doppelschleife des Rheins auf beiden Ufern des Stromes; das bei Ptolemaios Geogr. II, 11, 15 bezeugte *Tarodunum* bei Zarten östlich von Freiburg i. Br.; unseren Heidengraben bei Grabenstetten und das Oppidum bei Finsterlohr im Taubergrund. Leider erlaubt der Forschungsstand bisher nur selten genauere Aussagen über die Zeit der Entstehung und der Auflassung. Für Altenburg-Rheinau, das einen alten Rheinübergang im Zuge einer Süd-Nord-Route beherrschte, darf es aufgrund von Siedlungsfunden auf der rechten Rheinseite bei Altenburg als wahrscheinlich gelten, daß das Oppidum erst nach der Rückkehr der Helvetier von Bibracte, also nach dem Sommer des Jahres 58 v. Chr. angelegt und spätestens im Zusammenhang mit der 16/15 v. Chr. beginnenden Besetzung des Helvetierlandes und des nördlichen Voralpengebietes durch die Römer wieder aufgelassen wurde. *Tarodunum* hat eine auffallend refugiale Lage; Siedlungsfunde fehlen bisher ganz, und weitere Anhaltspunkte für die genauere Datierung der Befestigung, in der eine Mauerkonstruktion nach Art des *murus Gallicus* nachgewiesen wurde, gibt es vorläufig nicht. Für den Heidengraben bei Grabenstetten deuten die Münzen auf eine Entstehung spätestens um 100 v. Chr., Münzen und Kleinfunde auf ein Ende in der zweiten Hälfte des letzten vorchristlichen Jahrhunderts hin, wie wir oben S. 121 f. gesehen haben. Das Oppidum bei Finsterlohr hat bisher Funde nur im Tor, nicht aber im Innern geliefert; auch hier darf vielleicht aufgrund der Münzfunde der näheren Umgebung auf eine Entstehung noch vor 100 v. Chr. geschlossen werden, dagegen bleibt das Ende vorläufig weitgehend dunkel; der Befund im Tor deutet auf eine Brandkatastrophe vermutlich im Gefolge einer Kriegshandlung hin, und wenn man das Ausbleiben von Silber- und Potin-Münzen im näheren Umkreis, das natürlich auch ganz auf Fundzufälligkeiten beruhen kann, für aussagefähig hält, würde das auf eine sehr früh im 1. Jahrhundert v. Chr. erfolgte Auflassung hinweisen.

Wenn also die bisher sehr spärlichen Anhaltspunkte dafür sprechen, daß das Oppidum Heidengraben am längsten von diesen vier Anlagen besiedelt und in Funktion war, so wird man doch nicht übersehen dürfen, daß alle vier Oppida Südwestdeutschlands unzweifelhaft in den Handels- und Wirtschaftsverkehr der jüngeren Latènezeit eingebettet und daß sie nach Gesichtspunkten angelegt waren, die denjenigen der Oppida Galliens entsprachen. Es ist vielleicht kein bloßer Zufall, daß in die Zeit der Entstehung des Heidengrabens und des Oppidums bei Finsterlohr, wie wir sie eruiert zu haben glauben, die Auflassung einer der ganz wenigen, über mehrere Generationen dauernden Siedlung fällt, derjenigen auf dem Schloßberg von Neuenbürg an der Enz, schon fast im Schwarzwald und offenkundig gegründet auf einer leicht erreichbaren und bequem zu verarbeitenden Eisenlagerstätte. Natürlich wissen wir nicht (und werden wir niemals wissen), warum diese Siedlung aufgegeben wurde; aber es scheint doch bezeichnend, daß dies zu einer Zeit geschah, in der man sich bei der Anlage der Oppida vielfach von natürlichen Bedingungen unabhängig machte und, wahrscheinlich aufgrund politischer Motive und handelsgeschichtlicher Überlegungen, zu Neugründungen – eben der Oppida – schritt.

Diese Beobachtungen und Gedanken widersprechen indessen der vor allem auf Caesars Formulierungen beruhenden Abwanderungshypothese so weitgehend, daß wir uns fragen müssen, wo hier eigentlich der Kern des Widerspruchs liegt. Wenn wir davon auszugehen haben, daß von einer massiven Entleerung Südwestdeutschlands in den Jahrzehnten vor dem Eingreifen Caesars in Gallien schwerlich die Rede sein kann, wird man zu dem Gedanken gedrängt, die Bemerkungen Caesars wie etwa die zitierte Formulierung von den *fines Germanorum* (b. G. I 27,4, desgleichen I 28,4) seien vielleicht gar nicht in erster Linie ethnisch, sondern staatsrechtlich, also im Sinne der politischen Gewalt zu verstehen. Träfe das zu, dann hätten wir damit zu rechnen, daß die im rechtsrheinischen Südwestdeutschland lebenden Helvetier im Jahre 58 v. Chr. unter »germanischer« Herrschaft standen. Wir können auf sich beruhen lassen, ob dabei an Ariovist oder an andere Germanen gedacht werden muß, ob gar ein Forcieren politischer Theorie bei Caesar mit bedacht werden sollte. Sicher ist auf jeden Fall, daß Caesar die Nordgrenze des Helvetier-Gebietes am Rhein zu fixieren in der Lage war, obgleich die Helvetier damals noch keine römischen Untertanen wurden, sondern einen *foedus* bekamen, wie Cicero bezeugt. Dem entspricht auch, daß rechts des Rheins bei und nach der Besetzung des Limes-Gebietes der Helvetiername in den Verwaltungsbezeichnungen nirgends erscheint; das Land galt als Teil der *Germania* und wurde (mit geringen Abstrichen) zur römischen Provinz *Germania Superior* geschlagen.

Oft ist erwogen worden, ob Oppida wie der Heidengraben bei Grabenstetten noch in Funktion waren, als Rom unter den flavischen Kaisern begann, über Schwarzwald und Schwäbische Alb hinweg ins Nekkarland vorzustoßen. Dabei stand nicht selten der Gedanken im Vordergrund, ein Unternehmen wie der Vorstoß von Straßburg über den Schwarzwald an den oberen Neckar bei Rottweil, an dem eine beachtliche Truppenzahl beteiligt war und das dem Kommandeur, Cn. Pinarius Cornelius Clemens, sogar die Triumphalinsignien eintrug *ob res in Germania prospere gestas,* müsse einem beachtenswerten Gegner gegolten haben. Daß es sich dabei nicht um die Helvetier gehandelt haben kann, ist klar; und wenn wir den bisher spärlichen Funden vom Heidengraben und den Fundmünzen auch aus seiner unmittelbaren Umgebung ein Urteil entnehmen dürfen, so war dieses Oppidum damals längst verlassen. Die Frage, mit welchem Gegner es die Römer in den Jahren 73/74 n. Chr. in Südwestdeutschland zu tun gehabt haben (könnten), berührt also die Geschichte des Heidengraben-Oppidums aller Wahrscheinlichkeit nach nicht mehr.

Insgesamt dürfen wir demnach davon ausgehen, daß das Oppidum Heidengraben von Helvetiern um oder wenig vor 100 v. Chr. angelegt und in der zweiten Hälfte des letzten vorchristlichen Jahrhunderts wieder aufgelassen wurde. Vermutlich ist dieses Oppidum vom Niedergang der helvetischen Macht betroffen, vielleicht auch durch die verschiedenen Wirren jener Zeit so stark in Mitleidenschaft gezogen worden, daß es aufgegeben wurde lange vor der Zeit, als die anderen Oppida Süddeutschlands teils infolge direkten römischen Eingreifens, teils infolge der Abschnürung des keltischen Fernhandels durch die Besetzung von Rhein und Donau ihre Funktion als Knotenpunkte des keltischen Fernhandels verloren und aufgegeben wurden. Damit ist das Heidengraben-Oppidum ein Denkmal aus der Zeit der Helvetier-Herrschaft in Südwestdeutschland, aus einem Abschnitt keltischer Geschichte kurz vor dem politischen Untergang des Keltentums auf dem europäischen Festland.

JÜNGERE WEHRANLAGEN

Der Hohenneuffen

Wie schon einmal bemerkt, gehört auch der Berg mit den Ruinen von Burg und Festung Hohenneuffen mittelbar zum befestigten Innenraum des Heidengraben-Oppidums. Um das zu verstehen, müssen wir uns den Berg freilich in seiner ursprünglichen, von Burg und Festung noch nicht veränderten Gestalt vorzustellen suchen: Ein hoher, kegelartiger Klotz, der weit über dem Neuffener Tat thront und mit der Albhochfläche durch einen verhältnismäßig schmalen, aber bequem begehbaren Grat verbunden ist (erst während des 1736–1742 ausgeführten Ausbaus ist die jetzige, extrem schmale Gestalt des Grates mitsamt der Kunststraße entstanden). Schon in dieser ursprünglichen Gestalt dürfte der Berg einer Siedlung guten Schutz geboten haben. Das Bronzegehänge der Urnenfelderkultur Abb. 45 (um 1000 v. Chr.) wurde »am Hang des Hohenneuffen« gefunden; es darf als Hinweis auf eine Siedlung dieser Zeit auf dem Berggipfel verstanden werden, die sich – überaus bezeichnend – dieser Schutzlage bediente, sie möglicherweise auch noch durch eine künstliche Befestigung verstärkte. Selbstredend können wir das nur in Analogie zu zahlreichen anderen Höhensiedlungen der Urnenfelderkultur in Südwestdeutschland und der nördlichen Schweiz vermuten, denn die Überreste dieser denkbaren und möglicher weiterer vormittelalterlicher Siedlungen auf dem Hohenneuffen sind mit Sicherheit den Bauarbeiten des Mittelalters und des 16. bis 18. Jahrhunderts zum Opfer gefallen. Es muß daher auch eine – wenngleich verlockende – Vermutung bleiben, daß der Hohenneuffen den Sitz jenes frühkeltischen »Herrn« getragen hat, der mit seiner Familie und seinem Gefolge in den späthallstattlichen Grabhügeln beim Burrenhof (siehe S. 109) sein letzte Ruhe gefunden hat.

Entgegen gelegentlich vorgebrachten, anderslautenden Äußerungen müssen wir dagegen annehmen, daß der Hohenneuffen in den äußeren Bering des Heidengraben-Oppidums miteinbezogen war. Dazu veranlaßt uns weniger eine »auf dem Hohenneuffen« gefundene, leider schon für Hertlein unerreichbare keltische Goldmünze als vielmehr die

Abb. 62 Der Hohenneuffen, im Hintergrund die Teck.

Beobachtung, daß es keinerlei Spuren einer alten, zum Heidengraben zu zählenden Befestigung gibt, die den Hohenneuffen und seinen Zugangs-Grat aus dem befestigten Innenraum des Oppidums ausschließt. Zu einem solchen Ausschluß lag wohl auch kaum ein zwingender Grund vor: Gegen unmittelbare Angriffe sind der Berg und sein Zugang allseitig durch steile Hänge ausreichend gesichert, andererseits dürfte der Berg mit seinem weiten Ausblick als höchst erwünschter Ausguck in den Plan des Oppidums miteinbezogen worden sein. Anzeichen einer mit dem Oppidum gleichzeitigen, gar befestigten Siedlung auf dem Hohenneuffen sind nicht vorhanden; dergleichen anzunehmen gibt es auch keinerlei Anlaß, weil eine solche burgartige Siedlung nach allem, was wir über die Siedlungsweise dieser Zeit wissen, höchst ungewöhnlich wäre. Daher entbehrt auch die verschiedentlich ausgesprochene Vermutung, auf dem Hohenneuffen habe sich das letzte Refugium des keltischen Heidengrabens – gewissermaßen seine »arx« – befunden, jeglicher Grundlage.

Die bedeutendste Ruine im gesamten Umkreis des Heidengraben-Oppidums jedoch ist zweifellos die ehemalige *Burg und Festung Hohenneuffen* (Abb. 62–64), die von 1301 bis 1801 – also genau fünfhundert Jahre lang – als einer der festesten Orte Württembergs galt, in bewegten Zeiten unmittelbar in die Geschicke des Landes verstrickt war und fast dreihundert Jahre lang auch als Staatsgefängnis diente. Nach neueren Forschungen vor allem von Hans-Martin *Maurer* wurde die *Burg Neuffen* wahrscheinlich zwischen 1100 und 1120 von Mangold von Sulmetingen-Neuffen gegründet; die Umfassungsmauer des obersten Hofes der Festungsruine steht in dem Verdacht, ein letzter Rest dieser ältesten Burg Neuffen zu sein. Der mutmaßliche Gründer gehörte einer weit verzweigten und mit großem, bis in die Schweiz streuendem Besitz ausgestatteten schwäbischen Adelsfamilie an, die im Investiturstreit die zähringischen Gegner der salischen und staufischen Könige unterstützte; für Mangolds Rang spricht, daß er eine Frau aus dem Hause der Grafen von Urach heiratete. Die Burg Neuffen ging nach dem Tode seines kinderlosen Sohnes Egino, wie erst Maurer wahrscheinlich machen konnte, an einen anderen Zweig der gleichen Familie über, der in Billenhausen bei Krumbach in Bayerisch Schwaben und in Weißenhorn südöstlich von Ulm ansässig war; er erscheint mit Berthold von Weißenhorn-Neuffen zuerst im Jahre 1198 auch mit dem Namen Neuf-

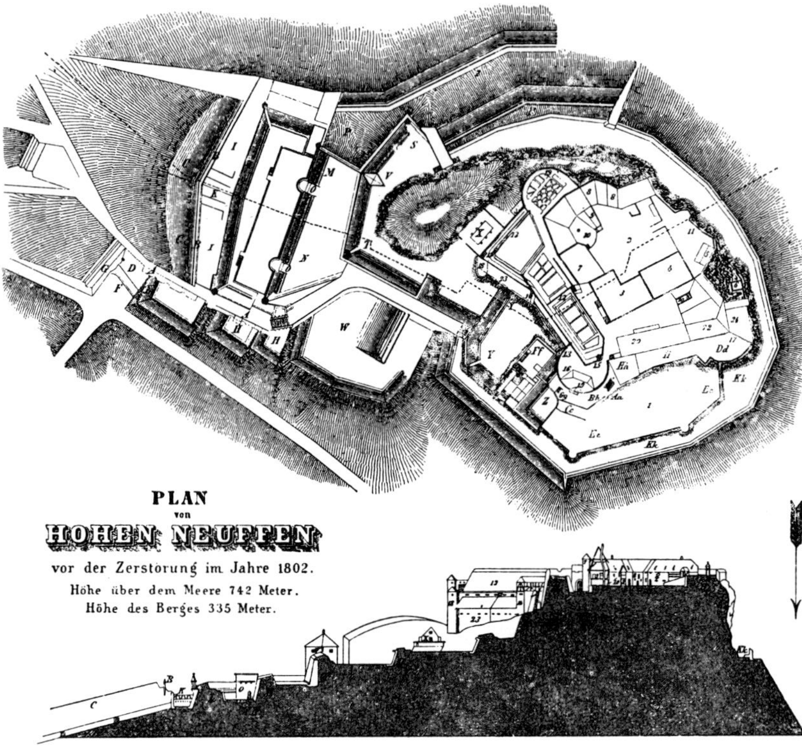

Abb. 63 Plan des Hohenneuffen im 18. Jahrhundert.

fen. Dieser Berthold wiederum erhielt durch seine Heirat mit der Erbtochter des Grafen Adalbert von Gammertingen-Achalm erheblichen Besitzzuwachs im Bereich von Neckar und Alb, der ihn wohl auch veranlaßte, seinen Hauptwohnsitz in der Burg Neuffen zu nehmen. Es ist zu vermuten, daß er die Burg Neuffen um- oder weiter ausgebaut hat; möglicherweise geht auf ihn die starke, mehrfach geknickte Schildmauer zurück. Als energischer Verfechter staufischer Interessen ist dieser Berthold besonders nach dem tragisch frühen Tode Kaiser Heinrichs VI., unter anderem bei der Wahl Philipps von Schwaben (1198) und bei der Wahl des Barbarossa-Enkels Friedrich von Sizilien zum deutschen König (1211) hervorgetreten. Auch sein Sohn Heinrich († 1246) spielte unter Friedrich II. früh eine Rolle in den Reichsgeschäften, geriet aber bald mit dem Kaiser in Konflikt, begünstigte und unterstützte den Aufstand des jungen Königs Heinrich (VII.) und verlor dadurch das staufische Lehen der Burg Achalm. Trotz der nachfolgenden Aussöhnung mit Friedrich II., aber auch infolge seiner schwankenden Haltung in dem bald ausbrechenden Kampf zwischen Kaiser und Papst verlor Heinrich an Einfluß und Geltung. Erbteilungen unter seinen Kindern und Enkeln schmälerten den Besitz; der Enkel Berthold teilte die Herrschaft Neuffen mit seiner Schwester Liutgard, der Gemahlin Konrads von Weinsberg, an welchen dieser Besitz nach Bertholds kinderlosem Tode (1288) fiel. Von ihm kaufte Graf Eberhard der Erlauchte im Jahre 1301 um 7000 Pfund Heller Stadt, Burg und Herrschaft Neuffen; damit war und blieb der Hohenneuffen in württembergischem Besitz.

In der Geschichte der Grafschaft und des späteren Herzogtums Württemberg hat die Burg und spätere Landesfestung Hohenneuffen keine geringe Rolle gespielt; wir können hier nur einige knappe Daten nennen. In den militärischen Auseinandersetzungen des 14. Jahrhunderts blieb die Burg unbezwungen, zeitweise diente sie als Residenz; während der Teilung des Landes (1442–1482) wurde die eine Hälfte – mit der Residenz Stuttgart – geradezu die »Neuffener« genannt, was die Bedeutung von Stadt und Burg Neuffen gut illustriert. Nach einigen Ausbauarbeiten des 15. Jahrhunderts, die zum Teil auf Graf Eberhard im Bart (1445–1496, regierte seit 1457, Herzog von Württemberg 1495) zurückgehen werden, ergab sich der Hohenneuffen 1519 nach kurzer Belagerung in aussichtsloser Lage dem Schwäbischen Bund, der Herzog Ulrich vertrieben hatte, hielt aber 1525 den aufständischen Bauern stand; 1534 öffnete die Festung als letzte des Landes dem zurückgekehrten Herzog Ulrich ihre Tore. Dieser und sein Sohn Herzog Christoph veranlaßten in den Jahren 1543 bis 1553 den entscheidenden Ausbau der Burg zur Landesfestung; der obere Wall, die Einbeziehung des Vorhofes und die drei großen Rundbastionen, genannt »Schwarzer Turm«, »Wachtstubenturm« und »Neuffener Turm«, sind damals entstanden, der alte Zugang beim »Allewindeturm« aufgelassen und ein neuer durch den »Schwarzen Turm« angelegt worden. Auch der untere Hof wurde damals befestigt.

In diesem Zustand trat die Festung Hohenneuffen in den Dreißigjährigen Krieg ein; die Bewährungsprobe kam 1634 nach der Schlacht bei Nördlingen, in der die mit den Schweden verbündeten deutschen

Protestanten von der kaiserlichen Armee unter Gallas entscheidend geschlagen wurden. Die Kaiserlichen besetzten das Land, wandten sich aber zunächst vor allem gegen die Festungen Hohenurach und Hohenasperg und versuchten lediglich, den Hohenneuffen auf diplomatischem Wege zu gewinnen. Als diese Versuche fehlgeschlagen waren und im Juli 1635 Hohenurach und kurz danach auch der Hohenasperg fiel, begannen die Kaiserlichen eine regelrechte Zernierung des Hohenneuffen; als dessen Besatzung unter Hauptmann Schnurm sich jedoch hartnäckig wehrte, wurde offenkundig, daß die Festung nur durch Aushungern zu bezwingen war. Am 22. November 1635 kapitulierte der Kommandant, als feststand, daß eine baldige Änderung der Lage nicht erwartet werden konnte, nachdem er erträgliche Bedingungen ausgehandelt hatte. Erst im Februar 1639 gab der Kaiser die Festung Herzog Eberhard III. von Württemberg wieder zurück.

Im weiteren Verlauf des Dreißigjährigen Krieges, aber auch in den Reunionskriegen und im Spanischen Erbfolgekrieg blieb der Hohenneuffen unbehelligt, wurde aber dennoch mit kleinen Mitteln weiter ausgebaut. Erst der militärisch in österreichischen Diensten erfahrene Herzog Karl Alexander (1684–1737) begann 1735, zwei Jahre nach seinem Regierungsantritt, mit einem umfassenden Ausbau der Festung: unter Aufgabe der hölzernen Brücke, die den unteren Hof überquert hatte, wurde nun der heute bestehende (freilich mit einer Betonrampe erneuerte) Zugang um den »Wachtstubenturm« herum am Felsen entlang zum »Schwarzen Turm« angelegt, zugleich der Zugang durch die Friedrichsbastion und Verstärkung der Ludwigsbastion besser gesichert; nach Osten wurden mehrere Bastionen, Gräben und unterirdische Gänge angelegt, zum Teil aber gar nicht ganz fertiggestellt; der für den Zufahrtsweg unerläßliche Höhenrücken wurde teilweise abgetragen und eine Kunststraße auf ihm angelegt. Auch nach dem Tode des energischen Herzogs gingen die Arbeiten noch weiter unter der Leitung des Kommandanten, Oberstleutnant Johann Anton von Herbort, doch geriet die Unterstützung derart ins Stocken, daß dieser 1742 resignierte. Die unfertig gebliebene Festung diente zwar nach wie vor auch als Staatsgefängnis; aber im Jahre 1795 ließ sich nicht mehr verheimlichen,

Abb. 64 Die Ruine Hohenneuffen, von Nordwesten.

daß sie kaum mehr militärischen Wert hatte. Nachdem der Rastatter Friedenskongreß 1797 geradezu die Schleifung verlangt hatte, wurde der Hohenneuffen im August 1801 offiziell aufgegeben und zum Abbruch freigegeben. In den 30er Jahren des 19. Jahrhunderts erst wurde der weitere Abbruch unterbunden und die Festungsruine wieder zugänglich gemacht.

Die Schanze beim Hohenneuffen

Knapp 1100 m südöstlich des Zentrums der einstigen Festung Hohenneuffen liegt auf einer namenlosen Erhebung (bei Punkt 744,9 der Top.-Karte 1:25 000) wenig nördlich der »Molach« eine nahezu quadratische Schanze mit Seitenlängen von jeweils 62 m. Die Seiten der Schanze sind ungefähr nach den Himmelsrichtungen orientiert. Der Wall ist noch bis 0,8 m hoch erhalten, der Graben bis 1 m tief. Der östliche Teil des Südwalls fehlt, ein Tor ist nicht vorhanden.

»Die Schanze ist auf die vorderste Zunge der Erhebung gegen den Hohenneuffen hin vorgeschoben, an die Talwand gegen die Stadt Neuffen, mit nördlicher Front etwa gegen Beuren, nicht gegen die Festung; vor einem Angriff auf dieser Seite schon durch das Ansteigen des Hanges und durch eine dadurch bedingte, besonders steile Wallböschung geschützt.« Mit diesen Worten hat Eugen Nägele die Lage der Schanze beschrieben und damit schon angedeutet, daß er sie für eine militärische Anlage der Neuzeit hielt, die in unmittelbarem Zusammenhang mit der Festung Hohenneuffen steht. Das war keineswegs selbstverständlich: Zuvor hatte man die Schanze meistens als ein Erdwerk vorgeschichtlicher Zeit betrachtet, das zu den Befestigungen des Heidengrabens zu rechnen sei. Gegen diese Auffassung hat in den Jahren unmittelbar nach der Jahrhundertwende zuerst der damalige Neuffener Stadtpfarrer J. *Metzger* opponiert; auf seine Anregung hin hat Nägele im Herbst 1906, ungefähr gleichzeitig mit den Arbeiten Hertleins am Heidengraben, unter Teilnahme Metzgers die Schanze mit mehreren Schnitten untersucht. Dabei wurden nicht nur die genaueren Maße von Wall und Graben gewonnen, sondern auch festgestellt, daß der Graben stellenweise in den anstehenden Fels eingearbeitet war. Aber es kam nicht das geringste Fundstück zutage, das einen genaueren Hinweis auf das Alter der Schanze zu geben vermocht hätte. Nägele glaubte aber, die Meinung Metzgers angesichts der Lage der Schanze und wegen des guten Erhaltungszustandes bestätigen zu dürfen; nur für den genaueren Zeitpunkt ihrer Entstehung mußte er sich auf die Vermutung beschränken, die Schanze sei während der Belagerung des Hohenneuffen durch die Kaiserlichen im Jahre 1635 aufgeworfen worden.

Während der Drucklegung seines Berichts in den Blättern des Schwäbischen Albvereins (18, 1906, Sp. 387–390) erhielt Nägele von Metzger die folgende Mitteilung, die er seinem Bericht eben noch einfügen konnte:

Am 20. Sept. 1742 hat Oberstleutnant und Kommandant der Festung Hohenneuffen dem Herzog-Administrator eine Spezifikation »aller Fortifikationsarbeit, welche an der Festung Hohenneuffen teils gemacht worden, teils aber noch zu machen ist, in Kubikklafter ausgerechnet« vorgelegt. Darunter am Schluß: »die angefangene Redoute auf dem sog. ›Kohlhau‹, gearbeitet an Erde und Felsen 900 Kubikklafter.« Kohlhau ist nach Versicherung eines zuverlässigen Schafhalters hier identisch mit dem Platz, wo wir an der Schanze gegraben haben – also nördlich über der Molach. Meine Notiz stammt aus Akten des Kgl. Staatsarchivs, Faszikel Festung Hohenneuffen, Fortifikationsarbeiten.

Nägele hat dazu bemerkt, die Berechnung der Erdbewegungen ergäbe zwar keinen so großen Wert, kaum ein Drittel davon; da aber keine andere Schanze in Betracht komme, die bekannte aber möglicherweise größer hätte gebaut werden sollen, begnüge er sich mit dieser Lösung.

Trotz dieser Ausführungen ist unsere Schanze aber noch nicht aus der Liste vorgeschichtlicher Erdwerke verschwunden. Schanzen von der Größe und der Gestalt wie die beim Hohenneuffen gibt es nämlich in Süddeutschland in größerer Zahl, doch haben sie – soweit ausreichend erhalten – immer ein Tor etwa in der Mitte einer Seite. Als die Schanze beim Hohenneuffen untersucht wurde, wurde noch darüber diskutiert, ob diese »Viereckschanzen«, wie man sie noch heute zu nennen pflegt, allgemein vorrömischer Zeit angehören oder ob sie nicht wenigstens zum Teil von römischen Marschlagern stammten. Erst die Ausgrabungen von Karl *Schumacher* in der Schanze bei Gerichtstetten (Landkreis Buchen) und von Peter *Goessler* und Gerhard *Bersu* in den Schanzen beim Einsiedel nahe Tübingen und bei Heiligkreuztal (Landkreis Saulgau) zeitigten eindeutig das Ergebnis, daß diese Schanzen offenbar durchweg dem letzten vorchristlichen Jahrhundert angehören und mit römischen Militärbauten nichts zu tun haben; umfassendere Untersuchungen in bayerischen Viereckschanzen durch Klaus *Schwarz*, aber auch in der Schanze nahe Tomerdingen im Landkreis Ulm durch Hartwig *Zürn* haben diese Auffassung neuerdings wieder bestätigt. Jedoch blieb der Zweck dieser Viereckschanzen lange umstritten. Die Deutung als keltische Befestigung oder als befestigter Gutshof vermochte so wenig zu befriedigen wie die Erklärung als Viehpferch. In einem 1931 posthum veröffentlichten Aufsatz hat Friedrich *Drexel* erstmals die Ansicht zu begründen versucht, daß die Viereckschanzen eine Art ›templum‹, einen heiligen Bezirk darstellten; Schwarz hat diese Deutung mit den Ergebnissen seiner eigenen Untersuchungen und mit weit ausholenden Beobachtungen auf eine breitere Basis gestellt. Unter diesen Umständen mußte die Verlockung groß sein, die viereckige Schanze beim Hohenneuffen, die sich auf der höchsten Erhebung innerhalb des keltischen Heidengraben-Oppidums befindet, mit diesem in Verbindung zu bringen; waren doch von anderen Oppida Mitteleuropas nicht nur Viereckschanzen, sondern auch unbezweifelbare Heiligtümer durchaus bekannt.

Aber – trotz dieser Verlockung müssen wir uns an die Tatsachen halten. Aus der von Pfarrer Metzger beigebrachten Aktennotiz ergibt sich klar, daß die 1742 erwähnte »Redoute« auf dem sogenannten Kohlhau lag, der denn auch in der Flurkarte NO 0423 am Osthang unserer Schanze eingetragen ist; der namentlich nicht genannte »Schafhalter« aus Neuffen hat sich also durchaus als zuverlässig erwiesen! Im übrigen zeigt das Datum der Aktennotiz, daß die Aufstellung vom Kommandanten der Festung, Oberstleutnant Johann Anton von Herbort, kurz vor seiner Entlassung abgefaßt wurde, mit der der noch nicht vollendete Ausbau der Festung Hohenneuffen sein Ende gefunden hat. Die Bemerkung »gearbeitet an Erde und Felsen« stimmt trefflich zu der Beobachtung Nägeles, daß der Graben der Schanze stellenweise in den Felsen eingearbeitet ist. Ob schließlich die Berechnung Nägeles zutrifft, bedürfte doch wohl einer genaueren Prüfung. Alles in allem genommen ist jedenfalls kein vernünftiger Zweifel daran möglich, daß unsere Schanze mit der in der Aktennotiz von 1742 erwähnten Redoute identisch ist.

Über den Zweck der Schanze ist in der Aktennotiz von 1742 nichts gesagt. Wie jedoch Nägele richtig beschrieben hat, liegt die Schanze mit ihrer Front weniger gegen den Hohenneuffen als nach Beuren zu; offenbar war sie zur Beherrschung jenes Geländes angelegt, über das der Zugang von der Grabenstettener Hochfläche zur Festung führte. Dieses Gelände, zwischen dem Waldrand bei den heutigen Parkplätzen und dem Klingenteichfels, mußte für einen Angreifer besonders wertvoll sein; die Besitznahme mindestens im ersten Anlauf zu verhindern oder doch zu erschweren, dürfte also der Zweck unserer Schanze gewesen sein; die keltische Viereckschanze dagegen können wir getrost in der Forschungsgeschichte ruhen lassen.

Befestigungen und Ruinen auf der »Baßgeige«

Nördlich von Erkenbrechtsweiler liegt eine ausgedehnte Berghalbinsel, die in zwei Zipfel ausläuft: den Beurener Fels im Nordwesten und den Brucker Fels im Nordosten. Die nördlichen Teile dieses Areals bedeckt ein Gehölz, das den Namen »Burgwald« führt; darin spiegelt sich, ebenso wie in den Flurnamen »Burghäule« (am Weg zum Beurener Fels) und »Auf der Burg» (im Süden der Halbinsel) die alte, heute kaum mehr gebräuchliche Bezeichnung »Burg« für die gesamte Berghalbinsel, die heute überwiegend mit dem Namen ihres Nordhangs, »Baßgeige«, umschrieben wird. Im Süden hängt sie mit einem bis auf 250 m eingeschnürten »Hals« mit dem Gelände des Heidengraben-Oppidums zusammen. Wie oben S. 69 geschildert, liegen sich hier auf geringe Distanz zwei alte Befestigungen unmittelbar gegenüber: eine südliche mit Front nach Norden, zu dem keltischen Oppidum gehörig, und eine nördliche mit Front nach Süden; beide werden »Heidengraben« genannt. – Zur Besichtigung benützt man zweckmäßigerweise den oben S. 19 unter Nr. 6 genannten Parkplatz nördlich von Erkenbrechtsweiler als Ausgangspunkt.

Der nördliche Heidengraben (siehe Abb. 25 auf S. 70) besteht aus einem nur noch teilweise erhaltenen Wall, dem südlich ein auffallend breiter Sohlgraben vorgelagert ist (Abb. 65). Der Wall setzt im Westen

Abb. 65 Der mittelalterliche Heidengraben nördlich von Erkenbrechtsweiler. Blick in den westlichen, breiten Teil des Grabens, von Osten.

unmißverständlich auf der Hangkante ein, verschwindet nach Osten zu aber bald in der nördlichen Grabenkante. Der Graben, von Westen her bis zu dem einzigen Zugang zur Halbinsel auffallend regelmäßig mit ungefähr 7 m breiter Sohle, wird an der westlichen Hangkante durch einen geringen, schmalen Damm abgeriegelt, der für den hier verlaufenden Wanderweg am Albtrauf geschaffen zu sein scheint.

Das Sträßchen, das von Süden, von dem erwähnten Parkplatz her diesen nördlichen Heidengraben überquert und den Zugang zur ganzen Halbinsel vermittelt, überschreitet den Graben auf einem hohen, sichtlich erst sekundär in diesen Dimensionen aufgeschütteten Damm. Der Wall ist von hier nach Osten auf einer Strecke von ungefähr 120 m auch gegenüber dem nördlich gelegenen Innenraum als flache Erhebung sichtbar; seine relative Unberührtheit wird auch von dem dichten Bewuchs mit Sträuchern und Gestrüpp gespiegelt. Der Graben ist hier mit einer

Sohlbreite von höchstens 5 m erheblich schmaler als westlich des Sträßchens, seine südliche, sehr unregelmäßige Kante scheint mehrfach als bequeme Materialgrube gedient zu haben. Im letzten, etwa 90 m langen Abschnitt bis zum östlichen Talhang ist der Graben zugefüllt, der Wall weitgehend abgetragen und verschliffen; trotz des dem Talhang folgenden Weges läßt der heutige Befund noch eben erkennen, daß die Befestigung einst bis zur Hangkante geführt war.

Der mittlere Abschnitt (unmittelbar östlich des Sträßchens) dieser Befestigung ist, wie an mehreren Punkten zu beobachten, etwas in den anstehenden Kalkfelsen eingearbeitet. Am Fuß der Wall-Stirn ist aber nicht nur der zutage tretende, stark verwitterte Fels, sondern auch der Rest einer aus gesägten Tuffblöcken trocken aufgesetzten Stirn-Mauer zu beobachten, die wahrscheinlich für den ganzen Wall vorauszusetzen ist. Die Einarbeitung des Grabens in den anstehenden Fels erklärt wohl auch die in diesem mittleren Abschnitt geringere Grabenbreite.

Ein altes Tor dieser Wehranlage gibt sich heute nirgends mehr zu erkennen. Im Westen wie im Osten lehnt sich die Befestigung unmittelbar an den Talhang an. Vielleicht lag das Tor im Zuge des heutigen Sträßchens und war so einfach gestaltet, daß die Veränderungen, die beim Zurichten dieses Zugangs in neuerer Zeit vorgenommen wurden, einst sichtbare Spuren beseitigt haben; dafür könnte sprechen, daß der heutige Zugang am westlichen Ende der »Engstelle« des Grabens liegt.

Über die Entstehungszeit dieses nördlichen Heidengrabens sind sehr verschiedene Ansichten geäußert worden. Während Steiner (1893) ihn für gleichzeitig mit dem südlichen, keltischen Heidengraben hielt, sprachen sich Braun und Wetzel (1904) wegen der angeblich römischen Ruinen auf der Halbinsel selbst für eine Entstehung, mindestens für einen entscheidenden Ausbau während der Zeit der römischen Okkupation Südwestdeutschlands aus. Nägele hat die Basis dieser Argumentation bestritten, ohne eine eigene Ansicht zu entwickeln. Hertlein dagegen hat diesen nördlichen Heidengraben für noch älter gehalten als das keltische Oppidum. Daran freilich wird man heute ernsthaft nicht mehr denken dürfen. Für eine Befestigung älterer vorgeschichtlicher Zeit wären die Wehranlage selbst und der durch sie geschützte Innenraum viel zu groß; auch die verhältnismäßig gute Erhaltung großer Teile des Grabens, nicht zuletzt im Vergleich mit den Gräben des keltischen Oppidums etwa der Elsachstadt deutet auf eine jüngere Entstehungszeit hin – wobei noch zu bedenken ist, daß wir die ursprüngliche Gestalt des Grabens, dessen Tiefe Steiner 1893 noch mit 4 m angibt, bis jetzt gar nicht kennen. Unter Hinweis auf die gesägten Tuffblöcke der Frontmauer hat Bittel daher mit Recht mittelalterliche Entstehung angenommen.

Indessen gibt es noch eine zweite Befestigung auf der »Baßgeige«. Der Weg zum Beurener Fels (ganz im Nordwesten der Halbinsel) war in der Nähe des »Schlupffels«, nahe der schmalsten Stelle des Kammes, durch einen 6 m langen und 1 m tiefen Graben abgeschnitten, der heute infolge von Wegbauarbeiten fast ganz verschwunden ist; auf seiner westlichen Kante saß ebenfalls, wie mir Herr Dr. H. Zürn freundlich mitteilte, eine Mauer aus gesägten Tuffblöcken auf. Mit dieser Befestigung, die 1926 zuerst von dem Zuffenhauser Lehrer Wilhelm *Müller* beobachtet wurde, wird das nicht ganz kleine Plateau unmittelbar östlich des Beurener Felsens gegen die übrige »Baßgeige« geschützt; von diesem kleinen Plateau liegen bis jetzt nur einige vorgeschichtliche, angeblich hallstattzeitliche Scherben vor. Jedoch ist das kein zureichender Grund, die erwähnte Befestigung ebenfalls in vorrömische Zeit zu setzen; da sie offenkundig in der gleichen Art wie der nördliche Heidengraben im Süden der »Baßgeige« gebaut ist, wird man annehmen müssen, daß sie auch in der gleichen Zeit entstanden ist.

Auf unserer Berghalbinsel gibt es ferner *zwei Plätze mit Ruinen alter Gebäude:* im Westen am »Burghörnle« und im Nordosten unmittelbar beim Brucker Fels. Am *»Burghörnle«* haben die Pfarrer Dr. Losch (Erkenbrechtsweiler) und Gußmann (Gutenberg) im Jahre 1887 zwei größere Gebäude festgestellt, die sich heute in stark verwühltem Zustand präsentieren; in Abb. 66 wiederholen wir hier den von *Bezner* 1905 veröffentlichten Plan. Es handelt sich um zwei Gebäude verschiedener Größe, die vielleicht von einer Art Hofmauer eingefaßt waren. Ihre genaue Bestimmung ist nicht bekannt und aus der Planskizze auch nicht abzulesen. Die Ausgräber haben einst bemerkt, daß die noch 1 m hoch anstehenden und 0,85 m breiten Mauern aus Kalksteinplatten bestehen, die in nach Art des römischen *opus spicatum* abwechselnd schräg gelegten Reihen angeordnet waren; die Ecken bestehen aus behauenen Sandsteinen. Ob Mörtel Verwendung fand, ist nicht mit Sicherheit auszumachen; Abb. 67 gibt die westliche Mauer von Raum C, von Osten gesehen. Bei der Ausgrabung 1887 wurden außer Ziegel-

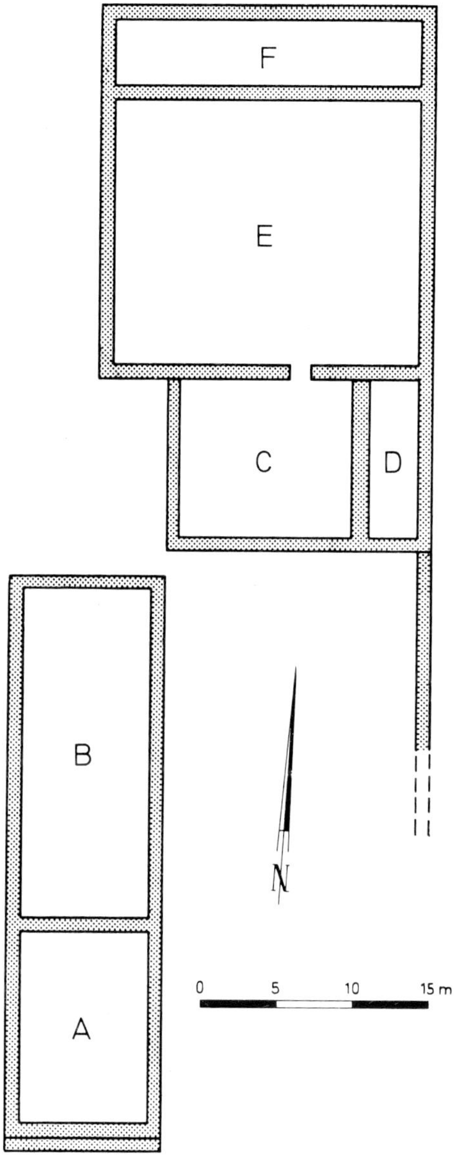

Abb. 66 Gebäudereste am »Burghörnle«, Markung Beuren.

bruchstücken auch Scherben gefunden, darunter solche aus »samischer Erde«, nach heutiger Lesart Terra sigillata; ob die Bestimmung zutrifft, läßt sich heute nicht mehr nachprüfen, weil die Scherben verschollen sind. Das ist sehr zu bedauern, weil nämlich allein auf dieser Angabe die noch heute anzutreffende Meinung beruht, diese Ruinen stammten aus römischer Zeit.

Beim *Brucker Fels* an der nordöstlichen Ecke der Berghalbinsel, die einen bekannten Rundblick von der Teck über Kirchheim bis in die Stuttgarter Gegend gewährt, liegen nahe dem westlichen und östlichen Felshang die Reste zweier Gebäude mit den Maßen von 12,5 × 7 m und 9,5 × 7,35 m. Oscar *Paret* hat 1931 diese Ruinen untersucht (in der irrigen Annahme, auf sie bezöge sich die Bemerkung über die Funde von Scherben aus »samischer Erde«) und festgestellt, daß ihr Mauerwerk dem der Ruinen am »Burghörnle« entspricht; hier waren die Mauerecken aus Tuffquadern gearbeitet. »Es wurde rohe handgeformte Keramik, braun, grau und schwarz, gefunden, aber nichts Römisches. Die Keramik läßt sich nicht sicher bestimmen, vielleicht fränkisch?« Es besteht daher kein Grund, diese Ruinen für die Reste römischer Gebäude zu halten.

Viel diskutiert wurde die Frage, ob die Ruinen am »Burghörnle« und beim Brucker Fels zeitlich und ursächlich mit den Befestigungsanlagen auf der gesamten Berghalbinsel in Verbindung stehen. Während Steiner (1893) diese Möglichkeit gar nicht in Erwägung zog, haben Braun und Wetzel (1904) die Bestimmung der Ruinen als »römisch« zum Anlaß genommen, auch die Befestigung des nördlichen Heidengrabens wenigstens in einem Ausbaustadium in römische Zeit zu setzen. Nägele und Hertlein dagegen haben keinerlei Zusammenhang angenommen, Paret hat sich nicht weiter geäußert. Der heutige Kenntnisstand bietet indessen, wie mir scheint, doch einige Anhaltspunkte, die einen Zusammenhang zwischen Befestigungen und Ruinen wenigstens erwägenswert erscheinen lassen. Die technischen Einzelheiten des Mauerwerks stimmen bei den Ruinen am »Burghörnle« und beim Brukker Fels so weitgehend überein, daß man eine ungefähr gleichzeitige Entstehung für möglich, ja wahrscheinlich halten möchte. Auf römische Zeit deutet bisher nur die nicht mehr nachprüfbare Angabe über Scherben aus »samischer Erde« aus den Ruinen am »Burghörnle« hin, der man angesichts der um 1890 möglichen Kenntnis antiker und mittel-

Abb. 67 Gebäudereste am »Burghörnle«. Westmauer von Raum C, von Osten.

alterlicher Keramik mit einiger Skepsis begegnen darf. Unverbindlich ist in diesem Zusammenhang, daß 1941 ungefähr 200 m östlich der Ruinen am »Burghörnle« das Bruchstück eines römischen Leistenziegels in einem Lesesteinhaufen gefunden wurde; denn hier kann die Möglichkeit der Verschleppung auch von weither nicht ausgeschlossen werden. Viel mehr Gewicht haben die sicher nicht römischen, wahrscheinlich jüngeren Scherben, die bei der Untersuchung der Ruinen beim Brucker Fels gefunden wurden. Unter diesen Umständen ist eine Entstehung aller dieser Gebäude in nachrömischer, allgemein mittelalterlicher Zeit bei weitem wahrscheinlicher.

Wie schon bemerkt, gibt es auch für Befestigungen auf der »Baßgeige« Anhaltspunkte für eine Entstehung in nachrömischer, wiederum allgemein mittelalterlicher Zeit. Dabei braucht uns nicht weiter zu stören, daß die Befestigung am »Hals« der Berghalbinsel ebenso wie die Wehranlagen des keltischen Oppidums »Heidengraben« genannt wird.

Vermutlich handelt es sich lediglich um eine Namens-Angleichung an den südlichen, keltischen Heidengraben. Diese Angleichung muß zu einer Zeit geschehen sein, die keinerlei Erinnerung mehr an die geschichtlichen Umstände hatte, welchen dieser nördliche Heidengraben seine Entstehung verdankte, in der aber der Name »Heidengraben« für die Befestigungen des alten, keltischen Oppidums schon geläufig war. Dieser ist, wie wir gesehen haben, zuerst in der Mitte des 15. Jahrhunderts belegt, aber sehr wahrscheinlich älterer Entstehung; ein Anhaltspunkt für die Entstehungszeit der nachrömischen Wehranlage am »Hals« der Berghalbinsel ergibt sich freilich daraus nicht.

Hier hilft vielleicht eine andere Überlegung weiter. Betrachtet man das kleine Plateau unmittelbar östlich vom Beurener Fels etwas näher, so vermag man sich nicht ganz des Gedankens zu erwehren, daß es von der Topographie und der Geländegestalt her gesehen kaum einen besseren Platz für eine hoch- bis spätmittelalterliche Burg geben dürfte. Eine solche ist hier aber sicher nicht vorhanden gewesen. Man geht daher kaum fehl, wenn man die kleine Befestigung dieses Plateaus – und ebenso die in der Mauerkonstruktion gleichartige Befestigung am »Hals« der Halbinsel – für Wehranlagen hält, die nach dem Beginn des Ausbaus unserer mittelalterlichen Burgen in Stein, das heißt spätestens seit staufischer Zeit schwerlich mehr entstanden sein können. Läßt man das gelten, so ergibt sich, daß die Befestigungen auf der »Baßgeige« wahrscheinlich im frühen Mittelalter errichtet wurden. Im gleichen Zeitraum können aber auch, wie wir gesehen haben, die Gebäude am »Burghörnle« und beim Brucker Fels entstanden sein; dabei wird man sich noch einmal der vermutungsweise als »fränkisch« bezeichneten Scherben aus den zuletzt genannten Ruinen erinnern, ohne daß wir indessen damit schon eine genauere zeitliche Einordnung vertreten haben möchten. Insgesamt aber ist es unter diesen Umständen und Voraussetzungen erwägenswert, die Befestigungen und Ruinen der Berghalbinsel »Baßgeige« im Zusammenhang zu sehen und als ein Ganzes zu betrachten.

Ein sicheres Urteil über diese Fragen zu gewinnen ist und bleibt jedoch eine Aufgabe der historischen Forschung. Sie wird sich der überlieferten Bezeichnung »Burg« für die gesamte Berghalbinsel zu erinnern haben und auch den Namen »Heerweg« beachten müssen, der an dem Verbindungssträßchen von Grabenstetten nach Erkenbrechtsweiler haftet.

Es ist zu wünschen, daß diese Forschungen mit einer erschöpfenden archäologischen Untersuchung der Befestigungen und Ruinen Hand in Hand gehen.

Burgruine Hofen

Etwa 1000 m ostsüdöstlich von der Ortsmitte von Grabenstetten (und zu dessen Markung gehörend) erhebt sich auf einem jäh ins Schlattstaller Tal abfallenden Felsen die Ruine der einstigen Burg *Hofen*. Diese Burg war der Stammsitz der Familie Schwenzlin, die sich auch nach dieser Burg »von Hofen« nannte; vom 13. bis ins 15. Jahrhundert hatte sie das Vogteirecht über Grabenstetten inne. Die Burg ist im 16. Jahrhundert zerstört worden. Die Ruine wurde in den letzten Jahren gesichert und mit einer Holzbrücke über den gewaltigen inneren Burggraben bequem zugänglich gemacht.

Befestigung am »Kienbein«
(Markung Hülben)

Ungefähr 2000 m nordwestlich der Ortsmitte von Hülben (Landkreis Reutlingen) ist auf der schmalen, nach Nordwesten weisenden Halbinsel »Kienbein« eine Abschnittsbefestigung zu finden (Lage etwa am ersten »n« des Namens »Kienbein« auf dem Kartenausschnitt im Vorderdeckel). Mit ungefähr 100 m Länge schneidet sie ein rund 550 m langes Plateau an der Spitze dieser Halbinsel ab und beschützt sie mit einem heute als Steinwall mit südöstlich vorgelagerten Graben sich darbietenden Befestigungswerk. Der Graben ist, wie Major Steiner schon 1896 beschreibt, in den Felsen eingearbeitet und einst viel tiefer gewesen, aber später aufgefüllt worden. Die Befestigung gehört wahrscheinlich in nach-antike Zeit.

VERZEICHNISSE

LITERATUR

1454 Heidengraben erwähnt im Uracher Lagerbuch von 1454, Bl. 72, so laut *Peter Goessler*, in: Beschreibung des Oberamts Urach² (1909), S. 139 Anm. 2.

1551/58 Heidengraben erwähnt im Neuffener Kellerei-Lagerbuch von 1551/58, Bl. 411 ff. betr. Äcker des dem Stift Urach eigenen Lehengutes zu Grabenstetten in der »Zellg gen Graben« (freundliche Auskunft von Herrn Staatsarchivdirektor Professor Dr. *Walter Grube*, Hauptstaatsarchiv Stuttgart). Auszug zitiert von *Christian Friedrich Sattler* in seinem Brief vom 23. 10. 1753 an den Uracher Bürgermeister *Johann Wilhelm Kolb* (so laut *M. Gratianus*, in: Württembergische Jahrbücher 1824, S. 417, Anm.).

1752 *Christian Friedrich Sattler*, Historische Beschreibung des Herzogthums Württemberg (1752, Nachdruck 1948, danach Zitat) S. 94 (unter Amt Neuffen).

1824 *M. Gratianus*, Ueber den Heidengraben bey Grabenstetten, in: Württembergische Jahrbücher 1824, S. 414–419.

1825 *Julius Leichtlen*, Schwaben unter den Römern (1825), S. 56 f.

1831 *Johann D. G. Memminger*, Beschreibung des Oberamts Urach (1831), S. 14.

1841 *Heinrich Schreiber*, Taschenbuch für Geschichte und Alterthum in Süddeutschland 3, 1841, S. 218–227, besonders S. 225 mit Taf. 1 b.

1848 *Eduard Paulus* (d. Ä.), in: Beschreibung des Oberamts Nürtingen (1848), S. 108 f.

1863 Das Königreich Württemberg (1863), S. 860 (unter Erkenbrechtsweiler) und S. 881 (unter Grabenstetten).

1882 *Eduard Paulus* (d. J.), in: Das Königreich Württemberg 1 (1882), S. 120 f.

1890 T. D. (d. i. *Theodor Drück*), Der Heidengraben bei Grabenstetten und Erkenbrechtsweiler, in: Schwäbische Kronik Nr. 72 vom 26. 3. 1890, S. 579 f.

1890 *Max Bach*, in: Württembergische Vierteljahreshefte für Landesgeschichte 13, 1890, S. 21 (Sondierung der Pfarrer Gußmann und Dr. Losch in den Ruinen am »Burghörnle« auf der »Baßgeige«, Markung Beuren).

1893 Major z. D. *Julius Steiner*, Der Heidengraben, in: Fundberichte aus Schwaben 1, 1893, S. 27–34.

1904 *Paul Braun* und *Sebastian Wetzel*, Der Heidengraben in Grabenstetten, in: Württembergische Vierteljahreshefte für Landesgeschichte, Neue Folge 13, 1904, S. 345–373.

1905 *Eugen Nägele*, in: Blätter des Schwäbischen Albvereins 17, 1905, Sp. 76 (Kritik der Arbeit *Braun* und *Wetzel* in einer redaktionellen Anmerkung zu: *Bezner*, Um Erkenbrechtsweiler, Sp. 73–80).

1905 *Friedrich Hertlein*, Die gallische Stadt südlich vom Neuffen, in: Blätter des Schwäb. Albvereins 17, 1905, Sp. 371–390 (mit Abb. früher gemachter Funde).

1906 *Eugen Nägele*, Albvereinsforschungen am Heidengraben südöstlich vom Hohenneuffen, in: Blätter des Schwäbischen Albvereins 18, 1906, Sp. 351–353.

1906 *Friedrich Hertlein*, Die Ergebnisse der Albvereinsgrabung, in: Blätter des Schwäbischen Albvereins 18, 1906, Sp. 353–362 (siehe auch Fundberichte aus Schwaben 14, 1906, S. 6 f. und Nachtrag S. 93).

1906 *Eugen Nägele*, Die Viereckschanze hinter dem Neuffen, in: Blätter des Schwäbischen Albvereins 18, 1906, Sp. 387–390.

1908 *Peter Goessler*, Neues von der Ringwallforschung in Württemberg, in: Korrespondenzblatt der Deutschen Gesellschaft für Anthropologie, Ethnologie und Urgeschichte 39, 1908, S. 130–132.

1909 *Peter Goessler*, in: Beschreibung des Oberamts Urach[2] (1909), S. 136–147 (Grabhügel beim Burrenhof, zum Heidengraben S. 141 Anm. 4) und S. 156 f. (Heidengraben).

1909 *Friedrich Hertlein*, Von der gallischen Stadt auf Markung Grabenstetten, in: Blätter des Schwäbischen Albvereins 21, 1909, Sp. 223–230 (siehe auch Fundberichte aus Schwaben 16, 1908, S. 25).

1913–15 *Friedrich Hertlein*, Der Heidengraben bei Grabenstetten, in: *Johannes Hoops* (Herausgeber), Reallexikon der germanischen Altertumskunde 2 (1913 bis 1915), S. 469–471.

1914–16 Fundberichte aus Schwaben 22–24, 1914–1916, S. 15 f. (Funde bei Tor B u. a.; Nauheimer Fibel aus der Falkensteiner Höhle).

1924 *Walther Veeck*, in: Fundberichte aus Schwaben, Neue Folge 2, 1924, S. 17 f. (Bericht über die Ausgrabung im Westen der Elsachstadt »In der Strangenhecke« und bei der nahe gelegenen Quelle; siehe auch Germania 7, 1923, S. 8).

1924 *Paul Reinecke*, Die örtliche Bestimmung der antiken geographischen Namen für das rechtsrheinische Bayern, in: Der Bayerische Vorgeschichtsfreund 4, 1924, S. 41 (Identifizierung des bei Ptolemaios, Geogr. II 11, 15 genannten RIVSIAVA mit dem Oppidum Heidengraben vorgeschlagen).

1926 Fundberichte aus Schwaben, Neue Folge 3, 1926, S. 48 (Befestigung und Scherben beim Beurener Fels, Markung Beuren).

1930 Fundberichte aus Schwaben, Neue Folge 5, 1930, S. 41 (Hallstattzeitliche Funde aus Flur »Kniebrech« nordwestlich Hülben; zu der – damit sicher nicht zusammenhängenden – Befestigung am »Kienbein« weiter westlich siehe Fundberichte aus Schwaben 3, 1895, S. 1; 4, 1896, S. 22).

1930 *Paul Reinecke*, Spätkeltische Oppida im rechtsrheinischen Bayern, in: Der Bayerische Vorgeschichtsfreund 9, 1930, S. 29–52.

1932 *Oscar Paret*, in: Fundberichte aus Schwaben, Neue Folge 7, 1932, S. 71 (Untersuchung der Ruinen am Brucker Fels, siehe auch Die Römer in Württemberg 3 [1932], S. 303).

1934 *Kurt Bittel*, Die Kelten in Württemberg. Römisch-Germanische Forschungen 8 (1934) S. 48–50 (Heidengraben, Oppidum, Funde) und S. 54 Nr. 34 (Schanze beim Hohenneuffen); S. 28–37 sind die keltischen Münzen jeweils unter den Ortsmarkungen aufgeführt.

1938 *Adolf Rieth*, Vorgeschichte der Schwäbischen Alb unter besonderer Berücksichtigung des Fundbestandes der Mittleren Alb. Mannus-Bücherei 61 (1938), S. 167–170.

1938 Luftbild und Vorgeschichte 16, 1938, S. 72 unten (Luftbild der Elsachstadt).

1939 *Joachim Werner*, Die Bedeutung des Städtewesens für die Kulturentwicklung des frühen Keltentums, in: Die Welt als Geschichte 4, 1939, S. 380–390.

1942 *Adolf Rieth*, Die Eisentechnik der Hallstattzeit. Mannus-Bücherei 70 (1942), S. 79 und S. 161 f. (Eisenschlacken und Scherben aus der Elsachstadt).

1944 *Paul Jacobsthal*, Early Celtic Art (1944, Nachdruck 1969), S. 184 Nr. 159 (Radnabenstift »aus der Erms bei Urach«) und Nr. 160 (Radnabenstift »von Grabenstetten« – sonst »Gegend von Urach«), beide abgebildet auf Taf. 101.

1950 *Kurt Bittel*, Das keltische Oppidum bei Finsterlohr, in: Württembergisch Franken, Neue Folge 24/25, 1949/50 (1950), S. 69–86, besonders S. 82 ff. mit Abb. 5 (Heidengraben südlich von Grabenstetten).

1951 *Wolfgang Dehn*, Die gallischen »Oppida« bei Cäsar, in: Saalburg-Jahrbuch 10, 1951, S. 36–49.

1952 Fundberichte aus Schwaben, Neue Folge 12, 1952, S. 59 (Römischer Leistenziegel 1941 in Lesesteinhaufen etwa 200 m östlich der Ruinen am »Burghörnle«, auf Markung Erkenbrechtsweiler, gefunden).

1956 *Hartwig Zürn*, Die vor- und frühgeschichtlichen Geländedenkmale und die mittelalterlichen Burgstellen des Stadtkreises Stuttgart und der Kreise Böblingen, Esslingen und Nürtingen. Veröffentlichungen des Staatlichen Amtes für Denkmalpflege Stuttgart, Reihe A, Vor- und Frühgeschichte, Heft 1 (1956), S. 29 unter Beuren Nr. 1 (Befestigung nahe dem Beurener Fels) und S. 30 f. unter Erkenbrechtsweiler Nr. 1 (Grabhügelfeld beim Burrenhof), Nr. 2 (Burgstall auf der »Baßgeige«), Nr. 3 (Schanze beim Hohenneuffen) und Nr. 4 (abgegangener Grabhügel 600 m östlich des Ortes).

1957 *Rolf Nierhaus*, Eine spätlatènezeitliche Riemenzunge der Stradonitz-Kultur von Grabenstetten, in: Fundberichte aus Schwaben, N. F. 14, 1957, S. 100 bis 106.

1957 *Karl Christ*, Ergebnisse und Probleme der keltischen Numismatik und Geldgeschichte (Bericht 1935–1955), in: Historia 6, 1957, S. 215–253.

1960 *Karl Christ*, Antike Münzfunde Südwestdeutschlands. Vestigia 3 (1960), mehrfach, besonders 1. Teil S. 60 f.

1960 *Wolfgang Dehn*, Einige Bemerkungen zum »Murus Gallicus«, in: Germania 38, 1960, S. 43–55, zum Heidengraben besonders S. 49 (Nachtrag: Germania 47, 1969, S. 165–168).

1961 *Oscar Paret*, Württemberg in vor- und frühgeschichtlicher Zeit. Veröffentlichungen der Kommission für Geschichtliche Landeskunde in Baden-Württemberg, Reihe B, 17. Band (1961), S. 259; S. 303 f.

1961 *Wolfgang Dehn*, Zangentore an spätkeltischen Oppida, in: Památky archeologické 52, 1961, S. 390–396 mit Abb. 1: Tor F.

1962 *Wolfgang Dehn*, Aperçu sur les Oppida d'Allemagne de la fin die l'époque celtique, in: Celticum III, Supplément à Ogam, Tradition celtique, Nr. 79–81 (1962), S. 329–386, zum Heidengraben besonders S. 351 f. mit Taf. 106 (Plan).

1962 Fundberichte aus Schwaben, Neue Folge 16, 1962, S. 242 f. (Funde und Durchstich des Heidengrabens beim Burrenhof).

1963 *Karel Castelin* und *Hans-Jörg Kellner*, Die glatten Regenbogenschüsselchen, in: Jahrbuch für Numismatik und Geldgeschichte 13, 1963, S. 105–130.

1964 *Karl Schall*, Über die Entwicklung des vorgeschichtlichen Befestigungswesens in Mittel- und Westeuropa. Phil.-Dissertation Tübingen (1964), 1. Teil S. 101 bis 109; 2. Teil S. 107 f.

1964 *Karl Christ*, Die Fundmünzen der römischen Zeit in Deutschland II 3, Südwürttemberg-Hohenzollern (1964), Nrn. 3159–3160 (Dettingen), 3166–3167 (Grabenstetten) und 3186 (Urach); II 4, Nordwürttemberg (1964), Nr. 4373 (Erkenbrechtsweiler), 4377 (Neuffen) und 4394 (Schopfloch).

1965 *Oscar Paret*, »Heidengraben«, in: Handbuch der Historischen Stätten 6, Baden-Württemberg (1965), S. 263 f.

1965 *Wolfgang Dehn*, »Mediolanum«, Lagetypen spätkeltischer Oppida, in: Studien aus Alteuropa (Bonner Jahrbücher, Beiheft 10) II (1965), S. 117–128.

1967 *Hans-Martin Maurer*, Burgruinen im Landkreis Nürtingen als Denkmale schwäbischer Geschichte (1967), S. 113 ff. zum Hohenneuffen.

1967 *Franz Fischer*, Alte und neue Funde der Latène-Periode aus Württemberg, in: Fundberichte aus Schwaben, Neue Folge 18/I, 1967, S. 61–106.

1969 *Franz Fischer*, The »Heidengraben« near Grabenstetten (Kreis Reutlingen), in: The Prehistoric Society, Conference in Southern Germany 1969, Field Guide to Prehistoric Sites in Württemberg and Bavaria (1969), S. 7 f. mit Taf. 3 (Plan).
1969 *Werner Krämer* (Hrsg.), Die Ausgrabungen in Manching. Bd. 1 ff. (1969 ff.).
1970 *Karel Castelin*, Die Kreuzmünzen in Süddeutschland, in: Schweizerische Numismatische Rundschau 49, 1970, S. 77–108.
1971 *Franz Fischer*, Die keltischen Oppida Südwestdeutschlands und ihre historische Situation, in: Archeologické rozhledy 23, 1971, S. 417–431.
1975 *Heinrich Schäfer*, Die neuentdeckte Heidengrabenlinie am Südrand des Dorfes Grabenstetten, in: Blätter des Schwäbischen Albvereins 81, 1975, S. 137–139.
1977 *Hartmann Reim*, Ein Wallschnitt durch den Heidengraben bei Hülben, Kreis Reutlingen, in: Fundberichte aus Baden-Württemberg 3, 1977, S. 223–233.
1981 *Franz Fischer*, *Dieter Müller* und *Heinrich Schäfer*, Neue Beobachtungen am Heidengraben bei Grabenstetten, Kreis Reutlingen, in: Fundberichte aus Baden-Württemberg 6, 1981 (Festschrift für Hartwig Zürn), S. 333–349.
1981 *Rolf Nierhaus*, Zu den topographischen Angaben in der »Geographie« des Klaudios Ptolemaios über das heutige Süddeutschland, in: Fundberichte aus Baden-Württemberg 6, 1981 (Festschrift für Hartwig Zürn), S. 475–500.

FUNDLISTE

Abb. 45 *Neuffen*, Kr. Esslingen. *Am Hang des Hohenneuffen.*
Gehänge aus Bronze der Urnenfelder-Kultur.
Größte Breite etwa 42 cm.
H. Zürn (1956) 35 mit Taf. 17, 7.

Abb. 47 *Erkenbrechtsweiler*, Kr. Esslingen. Hügel 2 beim *Burrenhof*, Bestattung 2.
Schlangenfibel aus Bronze. Länge 5,5 cm.
H. Zürn (1956) 30 mit Taf. 7, 8.

Abb. 47, 2 *Erkenbrechtsweiler*, Kr. Esslingen. Hügel 2 beim *Burrenhof*, Bestattung 2.
Schlangenfibel aus Bronze. Länge 6,5 cm.
H. Zürn (1956) 30 mit Taf. 7, 9.

Abb. 47, 3 *Erkenbrechtsweiler*, Kr. Esslingen, Hügel 6 (?) beim *Burrenhof.*
Reich verzierte Kahnfibel aus Bronze. Länge 10,5 cm.
H. Zürn (1956) 30 mit Taf. 8, 10.

Abb. 47, 4 *Erkenbrechtsweiler*, Kr. Esslingen. Aus Hügel 13 beim *Burrenhof.*
Gleicharmige Fibel aus Bronze. Länge 7 cm. Frühmittelalterlich?
H. Zürn (1956) 30 mit Taf. 8, 6.

Abb. 47, 5 *Erkenbrechtsweiler*, Kr. Esslingen. Hügel 10 beim *Burrenhof*, in dem auch der Wagen gefunden wurde (Abb. 49).
Bronzefibel mit Bügelzier. Länge 3,7 cm.
H. Zürn (1956) 30 mit Taf. 8, 4.

Abb. 47, 6 *Erkenbrechtsweiler*, Kr. Esslingen. Aus den Grabhügeln beim *Burrenhof* (nicht genauer zuweisbar).
Große Paukenfibel aus Bronze. Länge 5 cm.
H. Zürn (1956) 30 mit Taf. 9, 14.

Abb. 48, 1 *Erkenbrechtsweiler*, Kr. Esslingen. Hügel 2 beim *Burrenhof*, Bestattung 1 (zusammen mit Abb. 50).

Eiserner Dolch mit Griff aus Bronze. Länge noch 28 cm.
H. Zürn (1956) 30 mit Taf. 8, 1.

Abb. 48, 2 *Erkenbrechtsweiler*, Kr. Esslingen. Hügel 10 beim *Burrenhof*, in dem auch der Wagen gefunden wurde (Abb. 49).
Reich verzierter Ohrring aus Gold. Durchmesser 1,8 cm.
H. Zürn (1956) 30 mit Taf. 8, 5.

Abb. 48, 3 *Erkenbrechtsweiler*, Kr. Esslingen. Aus den Grabhügeln beim *Burrenhof* (nicht genauer zuweisbar).
Hohler Armring aus Bronze. Durchmesser 8 cm.
H. Zürn (1956) 30 mit Taf. 10, 2.

Abb. 48, 4 *Erkenbrechtsweiler*, Kr. Esslingen. Hügel 10 beim *Burrenhof*, in dem auch der Wagen gefunden wurde (Abb. 49).
Kropfnadel aus Bronze. Länge 9,5 cm.
H. Zürn (1956) 30 mit Taf. 8, 11.

Abb. 49 *Erkenbrechtsweiler*, Kr. Esslingen. Hügel 10 beim *Burrenhof*.
Radnabe aus Holz, mit Bronzeblech beschlagen. Länge 42,9 cm.
H. Zürn (1956) 30 mit Taf. 17, 8

Abb. 50 *Erkenbrechtsweiler*, Kr. Esslingen. Hügel 2 beim *Burrenhof*, Bestattung 1 (zusammen mit dem Dolch Abb. 48, 1).
Hochhalsgefäß aus braunem Ton, weißgelb, schwarz und rot bemalt.
Höhe 20 cm.
H. Zürn (1956) 30 mit Taf. 21, 1.

Abb. 51, 1 *Erkenbrechtsweiler*, Kr. Esslingen. »Hügel 1« (1893) beim *Burrenhof*.
Verzierter Teller aus Ton. Durchmesser 38 cm.
H. Zürn (1956) 30 mit Taf. 18, 9.

Abb. 51, 2 *Erkenbrechtsweiler*, Kr. Esslingen. »Hügel 1« (1893) beim *Burrenhof*.
Braunes Tongefäß, mit Ritz- und Stempelverzierungen, bemalt mit Graphit und roter Farbe. Höhe 31 cm.
H. Zürn (1956) 30 mit Taf. 18, 5.

Abb. 52, 1 *Gegen von Urach* (Grabenstetten?), Kr. Reutlingen.
Radnabenstift. Eisen mit Feder, Bronze. Länge 11,1 cm.
K. Bittel (1934) 11 mit Taf. 8, 4. P. Jacobsthal (1944) 184 Nr. 160 mit Taf. 101.

Abb. 52, 2 *Aus der Erms bei Urach*, Kr. Reutlingen.
Radnabenstift. Eisen mit Bronzeüberzug. Länge 11 cm.
K. Bittel (1934) 13 f. mit Taf. 8, 1. P. Jacobsthal (1944) 184 Nr. 159 mit Taf. 101.

Abb. 53, 1 *Erkenbrechtsweiler*, Kr. Esslingen. Aus dem *Heidengraben* beim *Burrenhof*.
Bruchstück eines Schwerts aus Eisen. Länge noch 32 cm.
K. Bittel (1934) 49 mit Taf. 5, 7.

Abb. 53, 2 *Grabenstetten*, Kr. Reutlingen.
Riemenzunge aus Bronze, beschädigt. Länge noch 5,4 cm.
R. Nierhaus (1957) 100 Abb. 1, 1.

Abb. 53,3 *Grabenstetten*, Kr. Reutlingen. *Seelenau* 40 m östlich Tor A, zusammen mit Abb. 53, 4 und Abb. 54, 2.
Deichselring aus Bronze. Höhe 4,5 cm.
K. Bittel (1934) 49 mit Taf. 9, 3.

Abb. 53,4 *Grabenstetten*, Kr. Reutlingen. *Seelenau* 40 m östlich Tor A, zusammen

mit Abb. 53,3 und Abb. 54,2.
Radnabenstift aus Eisen mit Bronzering. Länge noch 13 cm.
K. Bittel (1934) 49 mit Taf. 9, 5.

Abb. 54,1 *Grabenstetten*, Kr. Reutlingen. *Falkensteiner Höhle*, 120 m vom Eingang entfernt im Berginnern gefunden.
Nauheimer Fibel aus Bronze. Länge 5 cm.
K. Bittel (1934) 23 mit Taf. 11, 10.

Abb. 54,2 *Grabenstetten*, Kr. Reutlingen. *Seelenau* 40 m östlich Tor A, zusammen mit Abb. 53,3 und 4.
Füßchen eines Bronzegefäßes, beschädigt. Länge noch 3,1 cm.
Nach P. Goessler (1909) 156 ff. Abb. 7.

Abb. 54,3 *Heidengraben.*
Zierstück oder Füßchen aus Bronze. Länge etwa 2 cm.
K. Bittel (1934) 49 mit Taf. 9, 9.

Abb. 54,4 *Heidengraben.*
Kleiner Hammer aus Eisen. Länge 7,4 cm.
K. Bittel (1934) 49 mit Taf. 9, 4.

Abb. 54,5 *Grabenstetten*, Kr. Reutlingen. *Seelenau*, am Heidengraben nahe dem Wegdurchbruch beim Parkplatz »Seelenau«, 1891.
Nadel einer eisernen Fibel. Länge etwa 7 cm.
K. Bittel (1934) 49.

Abb. 54,6 *Grabenstetten*, Kr. Reutlingen. *Seelenau*, am Heidengraben nahe dem Wegdurchbruch beim Parkplatz »Seelenau«, 1891.
Eiserner Mauerhaken. Länge etwa 12 cm.
K. Bittel (1934) 49 mit Taf. 9, 10.

Abb. 55,1 *Grabenstetten*, Kr. Reutlingen. *In der Strangenhecke*, Schnitt III der Grabung 1923, Lesefund.
Bruchstück einer Frühlatène-Schale, braun, handgemacht.
Rekonstruierter Mündungsdurchmesser 21 cm.
Sammlung Pfarrer Th. Dinkel, Kirchheim/Teck.

Abb. 55,2 *Grabenstetten*, Kr. Reutlingen. *Seelenau*, Lesefund.
Bruchstück einer Schale, grau, hart gebrannt, handgemacht.
Rekonstruierter Mündungsdurchmesser 26 cm.
Sammlung H. Burkert, Schloß Aglishardt.

Abb. 55,3 *Grabenstetten*, Kr. Reutlingen. *Seelenau*, Lesefund.
Bruchstück einer Schüssel, braun, handgemacht.
Rekonstruierter Mündungsdurchmesser etwa 24 cm.
Sammlung H. Burkert, Schloß Aglishardt.

Abb. 55,4 *Grabenstetten*, Kr. Reutlingen. *Seelenau*, Lesefund.
Bruchstück einer Schüssel, braun, handgemacht.
Rekonstruierter Mündungsdurchmesser etwa 31 cm.
Sammlung H. Burkert, Schloß Aglishardt.

Abb. 55,5 *Grabenstetten*, Kr. Reutlingen. *Seelenau*, Lesefund.
Bruchstück von einem sogenannten Kammstrichtopf, grau, aber ohne Graphit, Scheibenware.
Rekonstruierter Mündungsdurchmesser etwa 15 cm.
Sammlung H. Burkert, Schloß Aglishardt.

Abb. 55,6 *Grabenstetten*, Kr. Reutlingen. *Lauereck*, Lesefund östlich des Heidengrabens.

Bruchstück eines Armrings aus dunklem, am Rand violett durchscheinendem Glas.
Länge noch 2,9 cm, rekonstruierte lichte Weite etwa 6,2 cm.
Sammlung H. Burkert, Schloß Aglishardt. Siehe Fundberichte aus Schwaben, Neue Folge 16, 1962, S. 242 mit Taf. 29, H.

Abb. 55,7 *Grabenstetten*, Kr. Reutlingen. *Seelenau*, Lesefund.
Randstück eines verzierten Tongefäßes, ziegelrot, handgemacht.
Rekonstruierter Mündungsdurchmesser etwa 14 cm.
Sammlung H. Burkert, Schloß Aglishardt.

Abb. 55,8 *Grabenstetten*; Kr. Reutlingen. *Lauereck*, Lesefund östlich des Heidengrabens.
Bodenstück mit Standring, grau, hart gebrannt, Scheibenware.
Rekonstruierter Durchmesser des Standrings etwa 10 cm.
Sammlung H. Burkert, Schloß Aglishardt.

Abb. 55,9 *Grabenstetten*, Kr. Reutlingen. *Seelenau*, Lesefund dicht westlich Tor B.
Bruchstück vom Henkel einer italischen Amphore, sandig-beige.
Höhe noch 9,8 cm.
Sammlung H. Burkert, Schloß Aglishardt.

Abb. 55,10 *Grabenstetten*, Kr. Reutlingen. *Seelenau*, Lesefund.
Randstück einer Schale, dunkelgrau, handgemacht.
Rekonstruierter Mündungsdurchmesser etwa 22 cm.
Sammlung H. Burkert, Schloß Aglishardt.

Abb. 56 *Wrack* von Grand Congloué bei *Marseille*.
Wein-Amphore aus Italien.

MÜNZLISTE

Abb. 57,1 (1) *Erkenbrechtsweiler*, Kr. Esslingen. Etwa 250 m nordwestlich vom Burrenhof 1913 gefunden.
Regenbogenschüsselchen. 7,437 g. Dm. 19,4 mm.
Vs. Vogelkopf n. l. im Teilkranz.
Rs. Carreaustern, daneben drei Kugeln und S.
FMRD. II 3 Nr. 3166, 2 (irrig unter Grabenstetten).
Württembergisches Landesmuseum.

Abb. 57,2 (2) *Bei Erkenbrechtsweiler*, Kr. Esslingen. 1889?
Regenbogenschüsselchen. 7,555 g. Dm. 18 mm.
Vs. Vogelkopf im Zweidrittel-Blätterkranz.
Rs. Torques mit sechs Kugeln.
FMRD. II 4 Nr. 4373, 1.
Württembergisches Landesmuseum.

(3) *Erkenbrechtsweiler*, Kr. Esslingen. *Im Kirchhof*.
Potin, sog. Leuker-Münze. 3,11 g. Dm. 15 mm.
Vs. Kopf mit büschelartigen Haaren.
Rs. Eber.
FMRD. II 4 Nr. 4373, 2.
Privatbesitz Eisenlohr, Reutlingen.

(4) *Grabenstetten*, Kr. Reutlingen.
Regenbogenschüsselchen. 7,377 g. Dm. 18,5 mm.
Vs. Vogelkopf n. l. im Zweidrittelkranz.
Rs. Carreaustern mit drei Kugeln, S und verkehrtem S.
FMRD. II 3 Nr. 3166, 1.
Privatbesitz Eisenlohr, Reutlingen.

Abb. 57,3 (5) *Grabenstetten*, Kr. Reutlingen. *Lauereck*, innerhalb des Oppidums 1904 gefunden.
Silber-Quinar »Strubelkopf«. 0,416 g. Dm. 9,1 mm.
Vs. Kopf n. l.
Rs. Pferd n. l., zwischen den Beinen Dreistern.
FMRD. II 3 Nr. 3166, 5.
Sammlung Urach (Nr. 3).

Abb. 57,4 (6) *Grabenstetten*, Kr. Reutlingen. *Seelenau*, 1902 gefunden.
Silber-Quinar »Büschchen«. 1,504 g. Dm. 17,75 mm.
Vs. »Büschchen«.
Rs. Pferd n. l.
FMRD. II 3 Nr. 3166, 3.
Sammlung Urach (Nr. 2).

(7) *Grabenstetten*, Kr. Reutlingen. *Lauereck*, innerhalb des Oppidums 1890 gefunden.
Silberplatierter Quinar vom KALETEDOY-Typus (Daten fehlen).
Vs. Kopf (?).
Rs. Pferd (?).
FMRD. II 3 Nr. 3166, 4.
Privatbesitz, unauffindbar.

Abb. 57,5 (8) *Grabenstetten*, Kr. Reutlingen. *Seelenau*, 1902 gefunden.
Potin, sog. Sequaner-Münze. 4,218 g. Dm. 18,50 mm.
Vs. Kopf n. l. (undeutlich).
Rs. Stier n. l.
FMRD. II 3 Nr. 3166, 6.
Sammlung Urach (Nr. 4).

(9) *Neuffen*, Kr. Esslingen. *Hohenneuffen*.
»Keltische Goldmünze« (Daten und Beschreibung fehlen).
FMRD. II 4 Nr. 4377, 1.
Privatbesitz, schon 1904 als unauffindbar gemeldet.

Abb. 58,1 (10) *Dettingen*, Kr. Reutlingen.
Regenbogenschüsselchen. 7,610 g. Dm. 17,5×15,4 mm.
Vs. Vogelkopf n. l. im Zweidrittelkranz.
Rs. Carreaustern mit drei Kugeln, mit S und verkehrtem S.
FMRD. II 3 Nr. 3159, 1.
Württembergisches Landesmuseum.

Abb. 58,2 (11) *Dettingen*, Kr. Reutlingen. *Goldland* Parz. 6825, 1928 gefunden.
Regenbogenschüsselchen; angepickt. 7,543 g. Dm. 18,2 mm.
Vs. Blätterkranz mit Eckpunkten im Dreiviertelkreis.
Rs. Torques mit sechs Kugeln.
FMRD. II 3 Nr. 3159, 3.
Privatbesitz Prof. Dr.-Ing. H. Müller, Stuttgart.

Abb. 58,3 (12) *Dettingen*, Kr. Reutlingen.

Silber-Quinar, sog. Kreuzmünze. 1,65 g. Dm. 14,5×13,3 mm.
Vs. Kopf n. r.
Rs. Kreuz, in jeweils gegenüberliegenden Zwickeln »V« und Torques.
FMRD. II 3 Nr. 3159, 4.
Württembergisches Landesmuseum.

Abb. 58,4 (13) *Dettingen*, Kr. Reutlingen. *Goldland*, 1902 gefunden.
Regenbogenschüsselchen. 7,609 g. Dm. 18,25 mm.
Vs. Glatt.
Rs. Kreuzförmiger Stern, nur noch zum Teil sichtbar.
FMRD. II 3 Nr. 3159, 2.
Sammlung Urach (Nr. 1).

Abb. 58,5 (14) *Dettingen*, Kr. Reutlingen.
Potin-Münze. 4,19 g. Dm. 18 mm.
Vs. Kopf n. r.
Rs. Stier n. l.
FMRD. II 3 Nr. 3159, 5.
Württembergisches Landesmuseum.

Abb. 59,1 (15) *Aus der Uracher Gegend*. 1901 gefunden.
Regenbogenschüsselchen (Viertelstater). 2,016 g. Dm. 11,8 mm.
Vs. Augenförmige Zeichnung.
Rs. Drei Kugeln.
FMRD. II 3 Nr. 3186, 2.
Württembergisches Landesmuseum.

Abb. 59,2 (16) *Schopfloch*, Kr. Esslingen. Torfgrube, um 1865 gefunden. Silber-Quinar »Büschchen«. 1,52 g. Dm. 15,7 mm.
Vs. »Büschchen«.
Rs. Pferd n. l.
FMRD. II 4 Nr. 4394, 2.
Württembergisches Landesmuseum.

Abb. 59,3 (17) *Schopfloch*, Kr. Esslingen. Torfgrube, um 1865 gefunden.
Silber-Quinar, sog. Kreuzmünze. 1,53 g. Dm. 12,4 mm.
Vs. Kopf n. r.
Rs. Keuz, in den Zwickeln Reste verschiedener Zeichen.
FMRD. II 4 Nr. 4394, 1.
Württembergisches Landesmuseum.

Abb. 59,4 (18) *Urach*, Kr. Reutlingen. Berghalde gegen Grabenstetten. 1874 (?)
Regenbogenschüsselchen. 7,48 g. Dm. 17,5×16,4 mm.
Vs. Geringelte Schlange mit Mähne (?).
Rs. Torques mit sechs Kugeln.
FMRD. II 3 Nr. 3186, 1.
Württembergisches Landesmuseum.

(19) *Uracher Bezirk*. Um 1900 gefunden.
»Keltische Goldmünze« (Daten und Beschreibung fehlen).
FMRD. II 3 Nr. 3186, 3.
Privatbesitz, unauffindbar.

Abb. 59,5 (20) *Bei Reutlingen*. 1854 erworben.
Regenbogenschüsselchen. 7,616 g. Dm. 17,4 mm.
Vs. Schlange mit Widderkopf (schwach ausgeprägt).
Rs. Torques mit sechs Kugeln (schwach ausgeprägt).

FMRD. II 3 Nr. 3178, 1.
Archäologisches Institut der Universität Tübingen.

Abb. 59,6 (21) *Umgebung von Metzingen*, Kr. Reutlingen. 1842 erworben.
Regenbogenschüsselchen. 7,601 g. Dm. 17 mm.
Vs. Schlange mit Widderkopf.
Rs. Torques und sechs Kugeln.
FMRD. II 3 Nr. 3172, 1.
Archäologisches Institut der Universität Tübingen.

ABBILDUNGSNACHWEISE

Umschlag Nach Kimmig-Hell, Vorzeit an Rhein und Donau (1958) Abb. 141. Negativ Landesbildstelle Baden-Württemberg, Stuttgart.

Vorderdeckel Umgearbeitet nach The Prehistoric Society, Conference in Southern Germany 1969, Field Guide to Prehistoric Sites in Württemberg and Bavaria (1969) Taf. 3.

Abb. 1 Entwurf und Zeichnung Institut für Vor- und Frühgeschichte der Universität Tübingen (G. Peter).
Abb. 2 Nach Fundberichte aus Schwaben, Neue Folge, 5, 1930, S. 1.
Abb. 3 Foto Walter Kleinfeldt (†), Tübingen.
Abb. 4 Umgearbeitet nach Kirsten und Kraiker, Griechenlandkunde, 5. Aufl. 1967, S. 76 Abb. 19.
Abb. 5 Umgearbeitet nach Stählin und Meyer, Pagasai und Demetrias, 1934, Plan II.
Abb. 6 Umgearbeitet nach Kirsten und Kraiker, Griechenlandkunde, 5. Aufl. 1967, S. 396, Abb. 110, a.
Abb. 7 Umgearbeitet nach Krämer, Germania 35, 1957, Beilage 2.
Abb. 8,1 Nach Napoléon III., Histoire de Jules César, 1865, Atlas Taf. 25.
Abb. 8,2 Nach Napoléon III., Histoire de Jules César, 1865, Atlas Taf. 21.
Abb. 9 Umgearbeitet nach Krämer, Neue Ausgrabungen in Deutschland, 1958, S. 176 Abb. 1.
Abb. 10 Nach Planvorlage Kottmayer.
Abb. 11 Foto Fischer.
Abb. 12 Foto Fischer.
Abb. 13 Nach Steiner und Hertlein, Blätter des Schwäbischen Albvereins 17, 1905, Spalten 375–376, Abb. e.
Abb. 14 Nach Planvorlage Kottmayer.
Abb. 15 Foto Fischer.
Abb. 16 Luftbild Albrecht Brugger, Stuttgart, freigegeben vom Innenministerium Baden-Württemberg unter Nr. 12900.
Abb. 17 Nach Planvorlage Kottmayer.
Abb. 18 Luftbild Albrecht Brugger, Stuttgart, freigegeben vom Innenministerium Baden-Württemberg unter Nr. 9208.
Abb. 19 Nach Planvorlage Kottmayer.
Abb. 20 Nach Hertlein, Blätter des Schwäbischen Albvereins 18, 1906, Sp. 359–360, (Foto Schmid, Urach).

Abb. 21 Nach Bittel, Württembergisch Franken, Neue Folge 24/25, 1949/50, S. 80 Abb. 3.
Abb. 22 Nach Bittel, Württembergisch Franken, Neue Folge 24/25, 1949/50, S. 85 Abb. 8.
Abb. 23 Nach Gensen, Germania 43, 1965, S. 62 Abb. 9.
Abb. 24 Luftbild Albrecht Brugger, Stuttgart, freigegeben vom Innenministerium Baden-Württemberg unter Nr. 10808.
Abb. 25 Nach Planvorlage Kottmayer.
Abb. 26–29 Landesdenkmalamt Baden-Württemberg, Stuttgart.
Abb. 30 Luftbild Albrecht Brugger, Stuttgart, freigegeben vom Innenministerium Baden-Württemberg unter Nr. 26436. Wiedergabe mit freundlicher Genehmigung der Gemeinde Grabenstetten.
Abb. 31 Foto Fischer.
Abb. 32 Nach Hertlein, Blätter des Schwäbischen Albvereins 18, 1906, Spalte 359 umgezeichnet.
Abb. 33 Nach Hertlein, Blätter des Schwäbischen Albvereins 18, 1906, Spalte 358.
Abb. 34 Foto Fischer.
Abb. 35 Nach Hertlein, Blätter des Schwäbischen Albvereins 18, 1906, Spalte 355.
Abb. 36 Nach Hertlein, Blätter des Schwäbischen Albvereins 18, 1906, Spalten 355–356.
Abb. 37 Foto Staatliches Amt für Denkmalpflege Stuttgart, Abt. Bodendenkmalpflege (mit freundlicher Genehmigung von Herrn Dr. H. Zürn).
Abb. 38 Nach Dehn, Germania 23, 1939, S. 25 Abb. 2.
Abb. 39 Nach Wagner, Bayerische Vorgeschichtsblätter 16, 1942, S. 14 Abb. 2.
Abb. 40 Nach Wagner, Bayerische Vorgeschichtsblätter 16, 1942, S. 15 Abb. 3.
Abb. 41 Luftbild Albrecht Brugger, Stuttgart, freigegeben vom Innenministerium Baden-Württemberg unter Nr. 12901.
Abb. 42 Foto Fischer.
Abb. 43 Nach Steiner und Hertlein, Blätter des Schwäbischen Albvereins 17, 1905, Spalten 375–376, Abb. c.
Abb. 44 Foto Fischer.
Abb. 45–54 Alle Fotos Württembergisches Landesmuseum Stuttgart (K. Natter).
Abb. 55 Institut für Vor- und Frühgeschichte der Universität Tübingen (G. Peter).
Abb. 56 Nach Benoit, L'épave du Grand Congloué à Marseille. XIVeme Supplément à Gallia, 1961, S. 42 fig. 38.
Abb. 57 Foto Württembergisches Landesmuseum Stuttgart (K. Natter) und Institut für Vor- und Frühgeschichte der Universität Tübingen (H. Rein).
Abb. 58 Foto Württembergisches Landesmuseum Stuttgart (K. Natter) und Institut für Vor- und Frühgeschichte der Universität Tübingen (H. Rein).
Abb. 59 Foto Württembergisches Landesmuseum Stuttgart (K. Natter), Institut für Vor- und Frühgeschichte der Universität Tübingen (H. Rein) und Archäologisches Institut der Universität Tübingen (R. Balluff).
Abb. 60 Foto Römisch-Germanische Kommission, Frankfurt a. M.
Abb. 61 Entwurf Fischer.
Abb. 62 Luftbild Manfred Grohe, Kirchentellinsfurt über Tübingen.
Abb. 63 Nach Lauer, Hohen-Neuffen. Beschreibung, Geschichte, Festungsplan (o. J.).

Abb. 64 Luftbild Manfred Grohe, Kirchentellinsfurt über Tübingen.
Abb. 65 Foto Fischer.
Abb. 66 Nach Bezner, Blätter des Schwäbischen Albvereins 17, 1905, Spalte 76.
Abb. 67 Foto Fischer.

REGISTER

Personen- und Völkernamen

Geographische Namen

Sachen